NF文庫
ノンフィクション

パイロット一代

気骨の戦闘機乗り深牧安生の航跡

岩崎嘉秋

潮書房光人新社

パイロット一代——目次

第三章　大空への憧憬

第四章　ヘリコ野郎

第五章　英霊たちの声援

第六章　輝かしき履歴

(上)信州上田飛行場に展開していた九五式練習機。左から２番目が深牧准尉。(下)昭和13年10月、熊谷飛行学校第73期九五戦闘班卒業記念。前列右から３番目が深牧准尉。

(上)昭和18年、大刀洗飛行学校の幹部。前から2列目、左から4番目が深牧少尉。(下)農水協建設委員の面々。前列右端は宇都宮大学の後藤教授、左端は深牧専務、その右は農水協の小船常務。後列右端は農業技術研究所の畑井技師、右から2番目は農水協の伊藤常務。

パイロット一代

気骨の戦闘機乗り深牧安生の航跡

第一章　ハルピン陸軍病院

曇天の月日

深牧曹長は、白衣のままベッドに仰向けになって、白い天井を見つめていた。広い視界と蒼く澄んだ高い空が相手だった彼にとっては、身の縮むほど狭い小部屋である。ここは、ハルピン陸軍病院の内科病棟の個室である。個室とは名ばかりで、何のしつらいもない荒涼たる一室である。彼は、これまでの環境から俄かに突き放された思いにかられ、耐え難い孤独を噛みしめていた。

〈わが道をゆくのだ……〉

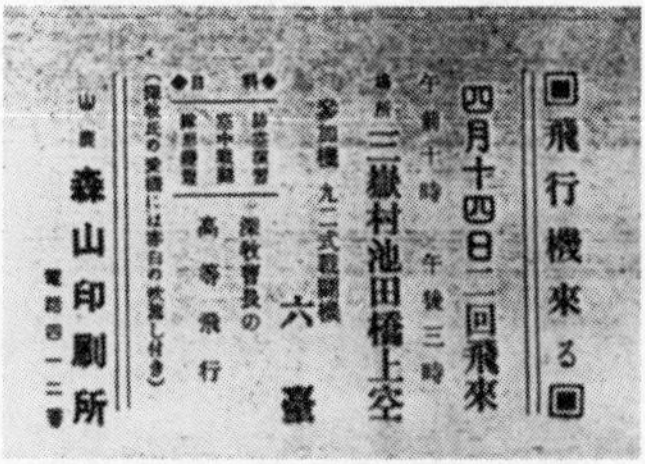

郷土訪問飛行前に撒かれたビラ

彼はこう呟くと、ベッドの下に隠して置いていた一升瓶を取り上げ、グイとばかりに喇叭《らっぱ》呑みした。冷酒が、乾き切った咽喉を一気に通って胃の中に流れ込む。と、同時に溜飲が下がる思いに浸ってゆく。

彼は、三口ほど立てつづけに酒を流し込むと、ようやく自分を取り戻し、ふたたびベッドに仰向けになった。すると、まっ先に中隊長の苦々しい顔が被ってきた。中隊長は、陸士三十二期出身の歩兵あがりの城寺朝一大尉である。中隊長ばかりではない。彼を取り巻く、いわゆる側近たちの顔までが、次から次へと浮かんでくる。

〈四中隊に配属となったのがいけなかったのだ。それに、特務機関兼務が中隊長の感情を害したことも事実だ〉

深牧曹長は、こう呟いた。

昭和九年秋、ハルピン飛行隊に派遣された彼は、第二中隊に配属された。第一中隊の原隊は、大刀洗であり、隊員は大刀洗出身者で占められていた。同地出身の深牧曹長にとっては、ことのほか懐かしく勤務しやすい環境だった。ところが、ここにはまだ軍曹のままに甘んじている一年先輩の勇士がいて、陸軍随一と言われる弱冠二十二歳で曹長に昇進している深牧とのバランスが問題となった。深牧曹長は、昭和八年十二月に早くも栄進していたのだった。

当時のハルピン飛行隊は四コ中隊編成で、第一、三中隊は九一戦、第二、四中隊は九二戦、したがって原隊が大刀洗出身の彼は、必然的に第四中隊に転属となる。この問題の解決策としてとられた人事によって、深牧曹長は第四中隊に転属となったのである。その後まもなく、特務機関兼務の発令がされた。パイロットである彼が、なぜ特務機関兼務となったのかについては、次のような因縁による。

ハルピン特務機関には、拓殖大学出身が多くいて、深牧曹長とは顔馴染みの職員が数名いた。その職員たちが、まだ拓大生であった頃、興国青年隊という組織があり、その組織がある時、阿蘇山麓で合宿して連日、研修会を行なっていた。その頃の深牧曹長は中学生であったが、彼は興国青年隊のメンバーとして、同じ研修会に参画していた。

拓大生との交流は、この時に始まり大いに研鑽される一方、親睦の度は深まるばかりとなっていた。結局、阿蘇山麓での交遊は、大陸に及び、ハルピンに再生したのである。このような縁から、特務機関が深牧曹長を勧誘したという経緯である。ついで、特務機関兼務が、何ゆえに中隊長の顰蹙《ひんしゅく》を買ったのであろうか。それは、次のような事柄に起因するものと思われた。

昭和十年二月、東大教授の美濃部達吉博士による天皇機関説が取り上げられ、世上は騒然たるさまとなった。この説は、国家に対する『緩慢なる謀叛』であるとし、美濃部博士を『学匪』であると非難する右翼や軍部の中傷と誹謗は、眼にあまる激しいものであった。

ハルピン派遣軍においても当然のこと、特務機関から請われての兼務である深牧曹長に対して、中隊長の城寺大尉の眼は、明らかに偏見と憎しみの色を帯びていた。天皇機関説と特務機関の双方につく文字の音調から、まったく同義語と誤解していると も思えた。

邪険な扱いは眼にあまるものがあった。曹長の勤務を焦点の狂った眼鏡を通し、常に間違った批判に徹していた。

公正無私を信条とする深牧曹長にとって、中隊長の命令は、煮え湯を飲まされるに等しく、それは他の隊員の目から見ても不当きわまるものと批判されていた。このようなことで、さすがに深牧曹長も忍耐の限界を自覚した。悶々とした日が続いたある日、彼は内密に軍医に事情を話し、善後処置について軍医の処方箋を聞いてみた。

それによると、当面入院することが望ましい。病名は『胸膜炎の疑い』である、とのこと。こうして、深牧曹長は入院することになる。

入院して、隊務から解放されても憂悶の日がつづく。この言いようのない重圧に耐えるには、したたかな怠惰心が必要である。が、曹長にはそれがない。

生来、正邪をわきまえて直情、真摯《しんし》にして豪快な振舞が取り得な曹長である。ことさらに陰湿を嫌う曹長の懊悩《おうのう》の日を解消し得る特効薬は、何であろうか。それは、アルコール以外にはなかった。

彼は、一升瓶を個室に持ち込んで、ひたすら憂さを晴らすことに努めた。やがて、入院日数が延びるにつれて、アルコール摂取量も増していった。量を増やしても、鬱憤は沈静化するどころか、ますます増長してゆく。

同じ中隊や特務機関の同輩や部下が、日曜日になると定期便のようにやってくる。彼らは、偽装した一升瓶を隠し持ってきて見舞うのである。そして、曹長の苦しい心情に同情し、慰めて帰るのだった。

そのうちに、個室での飲酒の沙汰が病院に知れ渡り、ついに個室を追われて大部屋に移されることになる。が、移されても大物に変わりはない。深牧曹長は、大部屋の室長に任ぜられたのである。

昭和十年には、松平節子妃殿下が、ハルピン病院にお出ましになり、深牧曹長の大部屋の患者も、親しくお見舞いに浴することになった。深牧曹長は、室長として患者を代表する立場にある。いささかな不始末があっても許されない。心中穏やかならぬ曹長は、ことさらに緊張して頭を深く垂れてお迎えした。

妃殿下が、大勢の御付きを従い、先導者の案内で、お静かな足どりを室長のベッドに運ばれたとき、深牧曹長の顔は硬直して青ざめていた。

「傷みませんか……」と、お言葉を賜わったが、彼はただただ恐懼《きょうく》して深く頭を垂れ、御返答もできず、妃殿下のいち早く去られるのに耐えていた。

室長の驚きが、並み大抵のものでなかったのは、ベッドの様子が誰の眼にも異状に映っているからだ。他の患者のベッドよりも高くなっているのだ。それは、一升瓶がマットの上に横並びに倒され、その上に毛布を敷き、そこに正座するからだ。曹長としても座り心地は悪く不安定きわまりないことだった。

さらにベッドの下には、これまでに呑み乾した空瓶が立錐《りっすい》の余地なく並び、それを隠すため白布を垂らしてある。正規には、この白布はベッドを整然と包み込む役割を果たすべきものである。

ともあれ、無事に妃殿下が前を通り過ぎたようだ、と頭を少し上げ、上眼づかいに確かめたとき、曹長は妃殿下の後ろ姿にふたたび頭を下げ、両手を合わせたのであった。

回想の波

その夜、彼は不思議に寝つかれなかった。次から次へ回想の波が襲って来るからだ。

回想は、七年前にさかのぼった。

昭和二年の秋だった。中学三年生だった十六歳の深牧少年は、北九州地区で行なわれた陸軍大演習で、サルムソンという飛行機を見た。飛行機は、ほどよい高度で藤崎台の岡の上に現われた。深牧少年にとっては、これほどま近く飛行機を見るのは初めてのことである。

彼は、秋の陽にきらめく機体と、機体のすべてから発散される英姿に眼を奪われて見とれていた。耳をつんざく爆音に、少年の魂は弾けんばかりにおどり、胸は張り裂けんほどに高鳴った。そうして、もっとも魂を揺さぶったのは、機上に見えるパイロットが手を上げ、頸《くび》に巻いたマフラーをなびかせている姿であった。そのときの光景が、今も眼に焼きついている。

「そうだ。あの衝撃的光景が、俺を狂わせてしまったのだ」

彼は、そう言って眠ろうとした。だが、追憶の彼は、ひっきりなしに押し寄せてくる。彼は、あの日の機影を追いかけて、パイロットになる決心を固めたのであった。

この目的のため、手始めとして自動車の免許を取ろうとした。十六歳では受験できないのに、申請書を偽って十八歳と書いた。戸籍抄本も必要のない当時のことである。結果は数名の年長者にさきがけて合格し、話題となった。

彼は、パイロットになるには、自動車の運転技術が有効に役立つだろうと、考えてのおこないだった。ともあれ、彼はフォード二十五年式やシボレーなどを乗り回し、村じゅうの注目を浴びていた。昭和三年夏のことだった。

昭和四年、中学を卒業した深牧少年は、村役場の兵事係の勧誘もあって、海軍志願兵の願書を提出した。受験当日、彼は、満を持して取り組んだ。ところが、彼の志望する航空の兵種は行なわれず、掌電信兵の試験を受けるように、と、試験担当官から申し渡された。

少年は、大きな誤算に気づいた。まさに、青天の霹靂《へきれき》である。脳裡に浮かんで来たのは、ちょうど一年前のサルムソン機の英姿であり、その機体を操るパイロットである。そのパイロットに憧れて、夏休みを返上して自動車学校に通ったりもした。この場に及んでどうしたというのだ。

少年は、村の兵事係に不信感を抱き、怒りさえ覚えた。こうなったからには、この場に用はない。即刻立ち去るべきだ、と思った。ところが、試験場では、受験者に対して、試験問題を机の上に配っている試験担当官がいる。そして、深牧少年にも配った。

「さあ！　どうしよう……」

彼は紙面を眺めて、唇を噛んだ。

「よう――しっ！」こう叫ぶと、鉛筆を握るなり、問題も読まずに、それぞれの問題の解答欄に、拇指大《おやゆび》ほどの丸印をつけて席を蹴った。彼は、会場をあとに、急ぎ足で帰宅してしまった。後方から大声で呼び止める声がした。

少年のこのような行為は、大きなセンセーションを巻き起こした。兵事係は、担当将校に呼び出されて大目玉を喰らう仕儀となった。窮地に陥った兵事係は、面目の一新を図るべく、陸軍の飛行第四連隊に入隊できるよう渾身の努力を払ったのである。

このような予期に反する経緯の末、彼は目出たく大刀洗飛行第四連隊に入隊することになったのであった。昭和五年一月十日のことだった。

初年兵係将校は、――深牧は、熱烈な航空志望者であり、飛行学校を受験させること――と、いう人事担当者からの申し継ぎ事項を忘れはしなかった。

深牧初年兵は、こうしたことのあることを知る術もなかった。ただ、飛行部隊にいることで、当然、飛行学校に進学できると信じ込み、ひたむきに隊務に励んでいた。よもや、激しい受験競争があるとは予期していなかった。

だが、想像以上の厳しい受験の末、彼は目出たく合格し、憧れの操縦学生として所沢陸軍飛行学校に入校したのである。昭和七年四月のことであった。階級は、早くも伍長に昇進していた。

一緒に入校した学生は、三十二名だった。だが、定員は二十四名となっている。余分の八名は、当然のこととして振り落とされる運命にあった。

定員の内訳は、戦闘機、偵察機、爆撃機の三機種にそれぞれ八名が割り当てられて教育されたが、一ヵ月後には二十四名に絞られていた。

深牧学生は、戦闘機要員である。戦闘機要員でも、「まごまごしていると、爆に回すぞ！」と、容赦なく叱咤の怒声が飛ぶ。爆とは爆撃機のことである。

戦闘機要員は、特に選ばれた少数である。それだけに、プライドを持っていた。操縦技術にも、地上座学においても、他機種の要員に抜きんでていることが望まれた。

ここで、練習機のアンリョ式（八十馬力）で約十五時間〜十六時間の基本操縦訓練を実施し、ついで偵察機のサルムソン（百二十馬力）機による曲技飛行などを演練した。

アンリョ式は、エンジンも一緒に回転するので、トルクの発生が大きく、出力の増減によって方向維持が困難であった。この機体での曲技飛行はできなかった。通常、水平飛行の速度は、六十キロ／時～七十キロ／時であるが、着陸時の降下速度は、八十キロ／時となっている。

そのため、着陸時の引き起こし操作の如何によっては、接地点が延びる可能性が大であった。ただ、脚が複数のスキッドで車輪が保護され、スキッドが前方に出ているので、着陸の安全性が確保される利点があった。

サルムソン機は、偵察機ではあるが、曲技飛行が可能で、背面飛行以外のアクロバットに難点はなかった。

これらの機体を乗りこなし、卒業も一ヵ月後に迫る頃になると、学生たちの顔もほころび、それまでの厳しい訓練の話題に代わって、卒業後に夢を画いた明るい話題に花を咲かせるのだった。

やがて、卒業も近づくと、夢に画いた私物の操縦徽章《きしょう》を歯磨き粉で奇麗に磨き上げ、お互いに輝きの度合いを競い合っては笑いこけていた。

いよいよ卒業である。誰がトップで卒業するか、噂は噂を呼んで話題をさらった。深牧学生は戦闘機部門で、惜しくも二番で卒業した。トップの座を譲りはしたが、彼の腕に秘められた操縦伎倆は、実力で他の誰よりも優れていたことは、教官はもちろん学生仲間の一致した評判であった。

深牧学生にとっての六ヵ月の訓練期間は、まことに充実した生き甲斐を感じたものであった。それだけに、彼は決して卒業順位に執着してはいなかった。彼は、自分に言い聞かせるように呟いた。〈操縦技術は無限である。順位はない。競争相手は空にある〉と。

操縦技術を修得した深牧伍長は、軍曹に昇進し、大刀洗飛行隊へ帰属した。ここには、陸士二十八期生の加藤敏夫大尉が、中隊長として赴任されていた。

加藤大尉は、九一式戦闘機を名機と謳われるまで仕上げたパイロットである。それまで甲式四型戦闘機の公式速度は、百五十キロ／時であった。が、加藤大尉によって三百キロ／時に倍増された。

また、操縦技術においても、自ら創意工夫して、空中戦闘のあらゆる場面を想定し、戦技の改新を図るなど、多方面にわたって活躍された名パイロットである。

深牧軍曹は、この当代随一の名パイロットである加藤中隊長から、じきじきの指導に浴することにより、空戦技術の基本から広範な応用操作にいたるまで、徹底した教授を受けたのであった。

その後の深牧パイロットの戦闘機乗りとしての卓越した伎倆とノウハウは、まさに、加藤中隊長によって育《はぐく》まれ、パイロット人生に決定的な優位をもたらすことになったのである。なお、昭和八年十二月には曹長に昇進した。

その後、中隊長は猿渡篤孝大尉に替わった。新任中隊長は、陸士三十五期出身で、豪放磊落《らいらく》、悠揚迫らずといった風格の持ち主である。陸大をトップで卒業され、大いに将来を嘱望されていた。あれは、ハルピンへ派遣される前、昭和九年四月十四日だった。猿渡中隊長と共に、深牧曹長の郷土訪問飛行を行なった。

当日、大刀洗飛行場を飛び立った九二式戦闘機二機は、曹長の郷里である熊本県の、現在は山鹿市北方の菊池川畔の広見上空へ向かった。

その前夜、深牧曹長は心がおどって寝つかれなかった。中隊長からは、思う存分やれと激励されていたが、なんとはなしに落ちつけなかった。昭和三年に自動車の免許を取ったことや、海軍掌電信兵を拒んだこと、そして村役場の兵事係を困らせたことなどが、走馬灯のように頭の中を駆け巡るからだ。だが、明日こそは晴れ姿を披露できるのだ、と自分に言い聞かせているうちに、ぐっすり寝入ってしまった。

当日は、朝から上々の天気だった。深緑が眼に眩《まぶ》しかった。若葉が、四月の太陽に語りかけているようにそよいでいる。風は微風である。ここ、鹿本郡菊池川上流地帯は、深緑の山々に囲まれ、静まり返っている。国見山々麓を源流とする岩野川が、村を貫いて西に向かって流れているのが見えてくる。懐かしい故里の風景である。

近づくにつれて、深牧曹長の胸は高鳴りはじめ、操縦桿を握る手に思わず力が入る。曹長は、つとめて手足や肩の力を抜こうと、頭をぐるりと回す。そのとき、右後方に中隊長機が従《つ》いているのが見えた。

やがて、深緑につつまれた高台に生家のたたずまいが眼に入った。それは、神々しいばかりに鎮座している。だが、すでに郷土訪問のビラを三色刷りにして十日前に撒《ま》いていたので、岳間、岩野、広見、三岳の四ヵ村には存分に知れ渡っているはず。郷土の誰もが、今日の飛来を期待しているに相違ない。

だが、ビラの内容が、かなり誇大に宣伝されることに面映い感がしないでもない。特に、『参加機、九二式戦闘機六台』とあるのに、心に負担を抱かざるを得なかった。けれども、主催者の北部町村長会や教育会広見村分会と北部在郷軍人分会をはじめ、多くの村民は、郷土から初めて空の勇士を送り出したことを、最大の誇りとして待ちに待っていたに相違ない。そう思うと、曹長の胸はときめくのであった。

やがて彼の眼は、獲物を狙う隼のように炯々《けいけい》として輝き出す。と、見るや、三岳村の池田橋が前下方に見えてきた。まだ、千メートルほど手前ではあるが、池田橋近辺は黒々と人だかりができている。

近づくにつれて、観衆の集団が大写しになってくる。と、見るや、その集団は黒から白と赤に変色したのである。日の丸の旗のせいとわかった。まさに、大小の日の丸の旗の乱舞と見取った瞬間、さっと翼を翻し、池田橋めがけて突っ込んでいった。猿渡中隊長は、それまでの飛行高度を保ちながら、曹長機に眼を奪われて見まもった。赤白の小型吹き流しを見つけた曹長機は、観衆の中に吸い込まれたか、と見えた瞬間、機体は急上昇の姿勢をとり、回転しながら垂直に昇ってゆく。上昇ロールである。

ほど良い高度に上昇した飛行機は、反転してふたたび川面に向かって急降下する。まさに、得物を狙う隼のように、飛燕のように軽快な妙技をくり広げる。

やがて曹長機は、橋すれすれの超低空で這っていった。機影は、どこへ翔け抜けていったのだろう。と、見るや南側の山間を縫って突然、現われた。そして、上昇した飛行機は、二回、三回とたてつづけに急横転をやって、北の空へ去っていった。眼を皿のようにして見ると、北の空から反転してきて、緩横転を二回行なって村役場の上空に現われた。

これで終了かと見上げると、今度はかなり高い蒼空で機体がピカッと光った。どうやら、降下姿勢に入ったか、と思うまに引き起こされた飛行機は、大きな円を描いた。宙返りである。

まん丸い円を描いた曹長機が、ふたたびピカッと光った。今度は、一定の間をおいてピカッ、ピカッと輝きながら、くるくる回って地上に向かって垂直に降下してくる。眼を背けたくなるシーンである。そのまま地上に激突したら、と気を揉む間もあらばこそ、曹長機は橋をかすめて飛び去った。錐揉み飛行であった。

ほど良い高度をとった曹長機は、軽くバンクを合図に中隊長機とつれ添って、緊密な編隊を組みながら池田橋上空を通過し、岳間、岩野、広見、三岳の四ヵ所を大きく一周し、左右に翼を振って郷土に別れの挨拶をしたのであった。こうして、郷土訪問飛行は見事な成果を収めて終わったのである。

深牧曹長の操縦技術は、すでに加藤中隊長から申し継ぎを得ているので、全幅信頼していた猿渡中隊長は、初めのうちは後方から微笑をたたえて見つめていた。けれども、曹長の妙技は単なる演技ではない。まさしく敵機を捕捉して挑む迫力ある心技である。中隊長は、幾度か胆を冷やし、息を飲んで見つめたことであった。

深牧曹長にしてみれば、五年前の自分を振り返り、今日ここにパイロットとして村民に感謝の念を表明することは、無上の光栄とばかりに、郷土の空に縦横無尽に華麗な花を咲かせたのだった。

村人にしても、これほど雄大にして華やかな大空の舞踏を見たことはなく、肝を冷やし、汗を握って見入ったに相違ない。

曹長は、役場上空で錐揉み操作に入れた機体を正常にし、上昇姿勢に戻すとき、池田橋を中心に集まっている観衆が、狂気のように大小の日の丸の旗を振っているのをチラッと見た。そのときの村人の歓喜の声と万雷の拍手は、爆音にかき消されて曹長の耳に届くはずはなかった。また、郷土を思う曹長の「ありがとう……ありがとう……」と叫んだ声も、村人に届くべくもなかった。

しかしながら、曹長と岳間、岩野、広見、三岳の四ヵ村連合の村じゅうの人が、これほど強く、堅く心が結ばれたことはかつてなかったであろう。

それにしても、あのような晴れがましい行事を、堂々と一個人に許可した上司の雅量に、心の底から敬服する曹長であった。それだけに、今回の郷土訪問飛行にしても、日頃の精進と飛行機の整備もさることながら、当日の風向、風速などの天象地象の変化について、念入りに調査研究をし、緻密な計算により、万が一にも上司の面目をつぶすことのないよう腐心したのに相違なかった。

ともあれ、上司に恵まれることは、人生に何よりの幸せをもたらすことを思い知り、彼にとっては終生忘れ得ぬ回想の華となったのである。

それにしても。ハルピン派遣中の回想には、あまりにも苦々しいことが多い。これといった心に残ることは、ハルピン学院に通ってロシア語の会話を受講したことくらいである。

特に我ながら不覚なことは、入院前のことである。週番士官の肩章をかけて、ひそかに外出する。隊門を出ると、それをはずしてポケットに捩《ね》じ込んで市内を徘徊する。翌朝、帰隊時には正常に肩章をかけて、悠然と隊門を入る。衛兵は『敬礼っ！』の号令でいっせいに不動の姿勢をとり、眼にも鮮やかな『捧げ銃』をする。

曹長は、うしろめいた思いをあえて打ち消し、『ご苦労！』と、いって入門したりした。それ以外にも、まことに暗澹たることの連続であった。それゆえに故意に入院する羽目となったのだった。

ただ、病院のベッドは、どうしてこうも懐旧の情を駆り立てるものなのだろう。白衣は人間を漂白するのだろうか。あるいは、白いベッドが、そうさせるのだろうか。

どうあれ、これまで想像以上に厳しい環境を縫って来た深牧曹長にとって、ここは肉体と心の両面を癒《いや》す養生の場となった。そして、これまで忘れかけていた自分自身を取り戻す絶好の天与のチャンスでもあった。

ただ、二週間ごとに定期検診があって、この時ばかりは身を切るような苦痛を強いられるのだった。この定期検診は、静養どころではなかった。それは、肋骨の間に太い注射針を刺して、肋膜腔から液体を抽出することになるからである。

通常、胸膜炎には湿性のものが多く、肋膜腔に液が溜まるので、それを抜き採る必要がある。患者からは、注射器の三分の二ほどの量を抜き採るが、深牧曹長の肋膜腔からは一滴の液体も採れなかった。軍医は、肋骨の間に刺した太い注射針から、液体の代わりに突き刺さった肋膜腔の内壁の肉片を吸い取ることになる。

「痛いっ……痛いっ‼」と、激痛に耐えかねて絶叫する曹長の顰《しか》める顔は、児童のそれのように、見るからにつらそうだった。

でも本人は、「耐え忍ぶのだっ！　もう少しだ……」と、自らを励ました。それというのは、第四中隊長の城寺大尉が近々転出することを知ったからだ。

深牧曹長は、中隊長が交代すれば、俺の病気は癒《なお》る。こんな痛い目に会うことはない。退院できる日が近いのだと、自分に言い聞かせた。

いよいよ三ヵ月あまりにわたる入院生活に終止符が打たれる日が来た。というのは、城寺大尉に替わって、新藤常右衛門大尉が第四中隊長として着任したのである。

六月に入って早々、深牧曹長はハルピン陸軍病院を退院する内定を得た。だが、ちょっとした問題が障害となった。

それは、三ヵ月余にわたる入院で、病院に支払う食費が二十円近くになっている、という。これは心外だった。曹長の懐《ふところ》には、わずかに三円五十銭ほどしか残っていないのだった。ほとんどの出費は、アルコールに化けていた。

曹長は、真剣に対策を講じなければならなかった。病院側に聞き質《ただ》してみると、真正胸膜炎ならば全額免除となるが、曹長のは胸膜炎の疑いである。疑いである以上、支払い義務があるとのこと。

そこで、曹長は本隊の古参の軍医に話し、病院側の軍医に疑いの文字を削除するよう説得してもらった。ただちに病院から病名の訂正があり、真正胸膜炎と認定されたのだった。おかげで食費全額が支払い免除となり、曹長はひとまず安堵したのである。

こうして、彼は目出たく退院した。六月も半ばになっていた。北満の空は限りなく蒼く、彼の退院を祝福するように、初夏の陽光が燦々《さんさん》とふり注いでいる。長いトンネルから抜け出た深牧曹長の眼には、ハルピン市街も楡《にれ》の街路樹も眩しいほどだった。三ヵ月余ぶりに隊門に向かって、堂々と歩いてゆく曹長の足どりは、見違えるばかり力強く見えた。

しばらくぶりに隊門が見えて来た。それは、またとなく清々しく曹長の眼に映った。

隊門を入るや、すかさず衛兵の『捧げ銃！』の敬礼を受ける。この時ばかりは、うしろめたさは微塵もなく、堂々と応えて挙手の礼を返した。

四中隊長に就任した新藤大尉には、一面識もない。ともあれ、退院の経過報告をする。中隊長の満足げな顔を、曹長は見た。だが、中隊長の顔よりも、部下の嬉しがる顔が、ワアッとばかりに群がり寄って来て、曹長を取り囲んだ。

曹長は、入院中に見舞いを受けた厚意をひしひしと噛みしめながら、一人一人に握手をしていた。病院と部隊の差は、天と地の開きがある。彼は、改めて部隊での存在感を意識したのであった。

ふたたび蒼空の下で

昭和十一年十月、第四中隊長新藤常衛門大尉は、戦闘機一個中隊（十二機）を率いてハイラルに転進した。これに、偵察機一個中隊が参画した。

飛行機隊は編隊を組んで、大興安嶺を越えハイラルに向かって飛ぶ。眼下には、広漠とした大地が果てしなくつづく。その大地のどこにでも着陸できる無障害の大地である。いわば、無限の飛行場ともいえる。

離着陸地帯は、滑走路の幅を百メートルとして、布板を敷いて表示してある。多少のショートやオーバーランは、まったく問題ではない。

それにしても、真紅の太陽が無辺とも見える大陸の果てに沈むさまは、じつに雄大である。そして、奉天――ハルピン――モスクワに至るシベリア鉄道も、無限に向かって敷かれているようだ。すべてが故国にはない風物である。

ハイラルでの戦闘機隊は、主として空中戦闘の訓練に終始した。だが、深牧曹長は、十一月に入って所沢飛行学校教官を命ぜられて帰国することになる。所沢飛行学校を巣立ったのは、四年前の昭和七年だった。あれから四ヵ年にわたって武者修行をし、心技共に鍛錬された深牧曹長は、今度は母校の教壇に立つことになったのである。

当初は、新任助教の教官として指導の任に就《つ》くが、十二年一月から二月にかけて満州航空株式会社へ応援のため出向する。そして、新京や吉林などへの輸送任務につくことになる。この時の使用機は、スーパー・フォッカー（高翼単葉、四百五十馬力、乗員六名）であった。

応援期間が終了して、三月早々に帰国するや、所沢飛行学校は廃校となり、熊谷飛行学校に統合されていた。熊谷では、操縦下士官学生が鶴首《かくしゅ》して、一日も早い訓練を待っている。受け持ち学生は、六十七期生、六十九期生、八十一期生、八十三期生となっており、六十八、八十、八十二期生は士官学生で担当外であった。

教育期間は一期当たり六ヵ月で、学生四名を受け持ち、一日四回飛ぶことになる。体力に自信がなければ、とうてい任務は果たせない。一日でも休めば、学生の進度は止まる。そこには厳然たる教官の責任があるのだった。

この教育期間中、一貫して変わらない深牧教官の指導理念は、あらゆる操縦は基本に忠実であること、であった。そして、叱咤に挫けず、褒《ほ》められて自惚《うぬぼ》れず、粘り強く努力することを強調した。この指導理念は、単に操縦技術のみを対象としたものではなく、人間形成の根本を解明する哲理でもあったのだ。

このような教育方針と卓越した定評を博す深牧教官の操縦技術を、直々に修得できる学生は、まことに幸運といえるであろう。と、いうのは、深牧教官の受け持ち学生からは一人の落伍者も出なかった。そればかりではなく、卒業時に与えられる恩賜の銀時計は、きまって深牧教官の受け持ち学生が拝領した。

この光栄に浴した六十七期生の吉田東樹軍曹の教官も深牧曹長であった。各期の恩賜拝受者が揃って深牧教官の受け持ち学生から輩出されると、他の教官や学生の嫉妬心をかり立てたが、これも無理からぬことであった。

所沢で六十七期生の教育が終わると、熊谷飛行学校に移り、六十九期生以降の教育に当たることになる。ただ、熊谷飛行学校は、上田、桐生、館林、桶川のほか所沢（一部残留）の各地に分教場を開設していたので、熊谷で教育中の深牧教官は、受け持ち学生らと共に上田分教場に転出した。昭和十二年夏のことだった。この年十二月には准尉に昇進した。

翌、昭和十三年は、深牧准尉にとって百花爛漫の花と光に満ちた画期的展開に彩られた年であった。それは、それまで独身を謳歌した生活にピリオドを打って、五月に入って妙齢の麗人と結婚するのである。

お相手は、工藤猪八氏の二女工藤信子さんで、二十三歳の才媛である。信子さんは、郷土の菊池高女を卒業後、専攻科を修め教員として学校に奉職していた。工藤家は教育一家で、厳父は校長、長兄は県視学、次兄（戦死）も教職にあった。信子さんの姉上は、元陸軍大佐岡本政継氏（第二師団参謀長）に嫁いだ。

当時は、軍人の結婚については、厳しい身元調査の末、許可されるが、深牧准尉の許可証には、陸軍大臣南次郎をはじめ十一名の陸軍の錚々《そうそう》たる幹部が捺印されている。結婚式は、五月吉日を卜《ぼく》して郷里の山鹿市で挙げたが、新郎は出席せず、写真と軍刀が新郎の代理役をつとめた。准尉はもっぱら操縦訓練の教育に心血を注ぎ、公務の尊厳を身をもって実践したのである。このとき新郎二十八歳であった。

挙式にも出席せず、飛行教育に熱中していた深牧准尉は、式後一ヵ月にして山鹿に帰省し、新婦をともなって上田に帰り、ようやく蜜月生活に入ったのである。

天覧飛行

昭和十三年十一月十三日は、深牧准尉にとって忘れようとしても、忘れられない生涯の記念すべき日である。この日、昭和天皇の御前において天覧飛行の光栄に浴したのであった。パイロットの本懐これに優る栄誉はなく、航空界あげてひとしく祝福すると共に、その成功を祈ったのである。

ここ熊谷飛行学校では、陛下の行幸を仰ぎ、陸軍はもちろん、校長江橋英次郎中将を中心に、緊密に実施案を練り、行幸の慶事を恙《つつが》なく全《まっと》うすることに腐心していたのであった。

まずは、パイロットの選考を最重要課題として討議された。二週間もかけて討議を重ねた結果、深牧准尉の名が挙がり、ついで井上大尉と田中曹長が推挙された。こうして、決定された三名のパイロットの肩には、言いようのない重圧が加わったことは間違いない。

そして、一ヵ月間の予行演習飛行が明示された。それによると、三機編隊とアクロバット飛行に約五分、空中戦闘の演技に約二分間が割り当てられた。アクロバットには、宙返りを連続して二回のほか、編隊での緩横転、上昇反転、錐揉み、上昇ロールなどが組み込まれている。

その演練の課程も厳しく定められ、それはほとんど一週間ごとに閲覧を受けることになっている。最初は飛行学校側によるもので、教育隊長を始め、幹事など幹部の前での予行飛行。ついで学校長、それが終わると航空本部による予行演習、そのあとに陸軍省による演習飛行とつづき、最終的には天覧飛行実施の前々日に、行幸主務官による予行演習の成果を見てもらうことになっている。

予行演習のそのつど、厳しい注文が出て、それらを存分に満足させる努力が連日つづく。問題は、天候である。同じ条件下での飛行はあり得ない。特に風向、風速により飛行の軌跡は同一ではない。それを如何なる時も、同一に近く飛ぶことは不可能である。だが、それを可能として求められる飛行なのである。

それには、風向、風速を勘案して、いつも陛下の視界に納まる空域を固守しなければならない。いつも正しい姿勢を崩されない陛下である。その陛下の眼界に極端な変化を及ぼすことは、とうてい許されないのである。

陛下が、国技館で土俵上での大相撲を御覧になる場合とは、まったく異なる条件なのである。特に、アクロバット飛行には留意しなければならなかった。また、このための訓練飛行は、天覧飛行の当日の同じ時刻と場所に規定して行なわれたのであった。

十三日の天候は、天皇の行幸を祝福するような上天気であった。連日、練磨につぐ練磨を重ねた三名のパイロットが、卓越した妙技を遺憾なく発揮するには、まことに相応《ふさわ》しく恵まれた好日である。風の状態も幸いして、天覧飛行の成果は、まことに見事な出来栄えであった。各種操作とも、予定時刻を一分も違わず完了できたことは何よりも嬉しかった。

それにも増して晴れがましい栄誉は、拝謁に浴したことである。場所は、学校長室内である。光栄に浴した三名は、正装に勲章を佩用し、軍刀も持参ということになった。だが、初めてのことで戸惑うばかりである。そこで、拝謁の作法について、教示を受けることになった。

それによると、一人ずつ呼び出されて校長室へ入り、上半身を十五度に曲げて敬礼をする。ついで、陛下の玉座の御前六歩の位置に止まる。そこで玉座に正対し、その位置で、上半身を六十度曲げて最敬礼をする。最敬礼がすむと、三歩下がって十五度の敬礼をして退室する。この時、右手に軍帽を、左手は軍刀に添える。また、この作法の完璧を期するため、床の上にチョークで白線を引き、距離の目安を習得させるようにも配慮した。

この作法について、特に肝要な点は、拝謁者が、陛下に最敬礼して上半身を起こす時の視線は、陛下の軍服の第二釦《ボタン》を上限とすることであった。したがって、第二ボタンより上の陛下の御顔を拝することは許されないのである。このことは、入室中だけに限らない。

この拝謁で、お言葉はなかったが、緊張のあまり無我の心境に終始した感を抱いた。こうして、目出たく天覧飛行の一連の行事は終わった。五月の結婚についで、十一月の天覧飛行とつづいた慶事は、深牧准尉にとってまことに満足すべき黄金の年であったというべきで、惜しみなく拍手喝采を贈るものである。

天覧飛行を無事終えた深牧准尉は、学生が待ち侘びている桐生分教場に戻り、引きつづいて教育訓練に専念する。

明けて十四年、本地原演習場に三ヵ月の出張教育のため派遣となり、七十五期下士学生を担当する。ここでは、天覧飛行の空戦のお相手をした井上大尉が、場長として就任されており、意気投合して談論に花が咲いた。朝日新聞社のアパートに居住し、アラスカという新聞社の食堂で肝胆相照らして大いに飲み合った。

その後、豊橋出張所に移り、老津演習場で学生の訓練に当たる。老津は松林に囲まれ、離着陸には狭隘で、特に教育上支障がある。ことさらに、離着陸方向に松の木が高く立ち並んでいる。

深牧教官は、ただちに伐採することが有効と考え、工兵隊に連絡して伐採を依頼した。時あたかも、冬期に当たり、燃料材として重宝とばかり、工兵隊は喜んでトラック山盛りに三台分にもなる木材を手に入れて、満足この上もなかった。

ところが、この件が師団司令部に伝わり、参謀から深牧准尉に呼び出しの沙汰が来た。出頭した深牧准尉に対し、何の願い出もなく、無断で松の木を伐採するとは何事だと、声を荒げて叱責した。さらに「国有財産であることを知らんのか。目通り十センチ以上の木は、すべて国有財産として登録ずみだ。なにゆえに伐採した」

これに対して、深牧准尉は正直に返答した。

「国有財産であっても、飛行機の離着陸に邪魔になります。飛行機が松の木に接触すれば、松の木も飛行機も損害を受けます、人命にもかかわります。松の木と、飛行機を含めた人命と、どちらが重要であるかを考えた結果、松の木を切り倒し、飛行機と人命を救おうとしたのであります」こう進言した。

確かに、飛行場の最長距離も六百メートル余りで、学生の訓練条件としては好適とはいい難い。このことは、すでに師団司令部でも内々に了解していたのに相違ない。というのは、深牧准尉を呼び出して、大上段に振りかざした参謀も、准尉の理路整然たる論説に対し、特に弁明することなく一件落着となったのである。これは、司令部内で深牧理論の正当性を認めたからにほかならない証拠である。

老津での教育もすみ、桐生分教場に戻り、昭和十五年四月末まで、引きつづいて教育訓練に明け暮れた。五月に入って、九州の菊池飛行場が開設されるや、九三式司偵を操縦して、いの一番に着陸した。その後は、九月まで少年飛行兵六期生（穴吹智操縦士クラス）の操縦教育に就く。

十月には大刀洗飛行学校が独立し、開校と同時に教官として着任する。学校長は、松岡勝蔵中将である。校長は、着任に際して自ら九七戦を操縦して着陸した。しばしば分教場巡りをされる校長は、AT機を使われたが、この時は深牧准尉の操縦に頼む。准尉のほかにAT機の操縦者はいなかったためである。

教育隊長は、桜井少佐であった。少佐は、善良な方ではあったが、極端に階級意識が強く、いかなる場所と時とを問わず、「上官に向かって何だっ！」これが口癖だった。

軍隊が、階級組織で成り立つことに何の異存もない。それを承知で入隊し、精勤して来た准尉である。だが、階級がすべてではない。すべてであってはならないことを、軍隊で身をもって学んできた准尉でもある。

階級が、日常茶飯事にいたるまで、金科玉条として通用されるべきではない。ところが、桜井少佐は、この点の理解に欠けていたようだ。万事に及んで階級一本のごり押しである。生来、剛直にして公正無私の深牧准尉との間に、何かしらのトラブルが発生するのも、当然すぎるなりゆきであったといえよう。

気骨の証し

大刀洗飛行学校の営外居住者の多くは、甘木町からトラックの送迎により通勤していた。トラックの荷台には覆いをし、その内部には木製の長椅子が、両側と中央部に取り付けられている。乗り心地は推して知るべしで、悪路をガタガタ揺られながら走ると、隣り同士がどちらからともなくぶっつかり合う。

ある朝、ひときわ激しく、トラックが左右に揺れ動いた瞬間だった。突然、桜井少佐が怒声を張りあげた。

「上官に対して、君は何をするっ!」

覆いをしたトラック内に響いた叱責の声は、深牧准尉に向かって発せられたのだった。准尉は、折悪しく桜井少佐の近くの席に腰掛けていたのだった。誰の責任でもない。トラックの揺れは、道路の凹凸によるものだ。

眼をむいて起こる少佐に向かって、准尉はあまりにも咄嗟《とっさ》のことで、身体を正常に戻しながら、言葉にならない声で頭を下げた。意図的行為ではなく、〈失礼しました〉との思いを存分に含めての所為である。ところが、少佐は前にも増して声を荒げて同じ言葉をくり返した。くり返して、なおも不満げにブツブツ、口ごもっている。

「どうもすみません……」と、重ねて詫びた准尉の心は、このときすでに悲壮な決意に変わっていた。少佐であろうと、教育隊長であろうと、是非をわきまえない上司に平伏することはない。剛直、公正、無私の准尉の胸は、張り裂けんばかりに燃え熾《おこ》った。トラックが揺れるたびに、怒りの情念は増幅された。准尉は、その情念に堪えていた。

トラックが営門の手前で止まり、全員降車して営門を入る。新兵の規律正しい『敬礼!』の号令は、朝の出勤を励まして清々しい。本部までは二、三十メートルはある。その辺りには植え込みの松の木が枝ぶり良く並んでいる。営外居住者のグループは、いっせいに本部に向かって闊歩していく。「教育隊長!」鋭い語気で呼び止めたのは、深牧准尉だった。

「ちょっと話があります。話を聞いて下さい。ただし、軍服を脱いで裸でやりましょう。階級なしに、男と男で……」

驚いてうしろを振り向いた桜井少佐の眼には、すでに無官の裸になった准尉の姿が立ちはだかっている。そして、今しも殴りかかろうとする気配である。軍服の上衣は、いつの間にか、松の木の枝にかかっていた。

桜井少佐の顔から、みるみるうちに血が引いてゆくのが分かった。まっ青になった少佐は、言葉もなく、ただオロオロしている。

「さあ！　軍服を脱ぎなさい‼」

今にも躍りかかろうとする准尉の気魄に飲まれ、少佐の唇が震えている。その震えている唇から、ようやく言葉が出た。だが、それは明らかに負け犬の宣言にほかならない。頼りない、しかも弱々しく震えながらの言葉だ。

「……おい……誰か……誰か……」

助太刀を願う声である。グループは気づいて呆然自失の態でいる。そのとき、副官が走り出てきて准尉のうしろに回るや、准尉の両腕をかかえるようにして押さえ込んだ。その隙に、四、五名で少佐を囲みながら、本部へ連れ去った。

積もり積もった欝憤を晴らせなかった准尉に、同情者がどっと集まり、准尉を慰めるやら諌《いさ》めるやらで沸き返った。

「まあ、今回は胸にたたんで我慢して下さい。我々も准尉とまったく同じ気持で我慢してきたのです」

松の木から准尉の軍服を取りはずし、そっと准尉に着せかけながら、同僚がこう言った。

この日、深牧准尉は、自宅へ引き返して籠もり、無言の抵抗を示した。そして、三日間つづけた。この間、副官や幹部の奥様方が、深牧宅へ押しかけて、同情にかられて慰め、一日も早く帰隊するよう頼み込んだ。

学校側も、問題として取り上げざるを得ないことは承知しながら、取り上げるにはあまりに大きすぎることを恐れた。学校長は、教育隊から深牧准尉を材料廠へ移籍させることで収拾した。

ともあれ、今回のトラブルは決して小事件ですむことではない。たとえ、少佐が軍服を脱ぎ、裸同士で対決したとしても、そのまま見逃せるものではない。軍という巨大な権力の中でのことである。それを承知で裸となった准尉の心中は、すでに確固たる決意に満ちていた。

〝義を見てせざるは勇なきなり〟。また〝みずから省みて直《なお》くんば千万人といえども われ往かん〟の気骨と気概は、単なる気負いや見せかけの所為ではない。これこそ深牧准尉の真骨頂なのである。

第二章　最後の特攻隊

満州の深牧氏

大戦勃発す

昭和十六年十二月八日、「帝国陸海軍は今八日未明、西太平洋において米英軍と戦闘状態に入れり」との大本営発表以来、国を挙げて一億総決戦の意気に燃えたっていた。また、各地に展開していた陸海軍部隊は、これに呼応して華々しい戦果を揚げ、その負託に応えていた。

翌十七年一月、深牧准尉は少尉に昇進し、航空支廠付となる。と、同時に航空本部監督官に任命された。

時あたかもマレー方面に展開していた陸軍部隊は、二月十五日、シンガポール島要塞の敵軍をして無条件降伏せしめる、という大戦果を挙げていた。この陰には、陸上部隊の悲壮な追撃はもちろん、航空部隊の昼夜を分かたぬ活躍があったことを忘れてはなるまい。特に開戦劈頭《へきとう》より、航空機による赫々《かくかく》たる戦果には、国民ひとしく眼をみはるばかりであった。

このような戦時下にあって、材料廠の任務は、いよいよ重責を増していた。特に、航空支廠は航空機の機体、エンジンの修理を専業とし、整備を終えた各種の飛行機が、深牧少尉のテスト飛行を待っている。

これらの飛行機を次から次へとテストする少尉の一日は、まさに忙殺の一言につきるのであった。

このような多忙なある日、大刀洗飛行学校の開校式が行なわれることになる。そして式のハイライトのレパートリーに九七式戦闘機によるアクロバット飛行が行なわれるという。そして、桜井教育隊長は、その飛行に彼の腹心の部下の田口中尉を指名していた。

いよいよ開校式も迫り、その前々日に飛行学校幹部による予行演習の披露があった。その演技を見た幹事の加藤敏雄大佐の——いっこうに面白くありません——と、言われた評価は、大きな反響を呼び起こした。

そこで、この不評を挽回しようと、航空支廠にいる深牧少尉に白羽の矢が立った。「君がやりなさい」と、加藤大佐から直々《じきじき》の御指名である。少尉は、さっそく飛行学校へ参り、開校式の当日、見事なアクロバット飛行を演出したのであった。

加藤大佐の御満悦は、一通りではなかった。それに加えて、祝賀会に列席された多くの参列者が、少尉の絶妙の空中操作に固唾を呑んで見上げ、感嘆と陶酔の境地に浸っていた。

材料廠には、昭和十八年八月まで在勤し、もっぱらテストパイロットとして本領を発揮する。その後、十月には、特別操縦見習制度ができていて、近藤兼利少将が学校長に就任された。

新校長は、この新しく制定された特操の教育を深牧少尉に担当する指示をした。が、少尉は慇懃《いんぎん》に御遠慮申し上げた。ところが、教育隊長の桜井少佐は、井上大尉に替わり、今後は井上教育隊長の指導理念によって行なわれることになった。

折も折、井上隊長から深牧少尉に直々に「僕と一緒にやろう」と言われ、深牧少尉は、学校長からの正式命を受け、ふたたび教育隊へ戻ることになったのである。井上大尉と深牧少尉の間柄は、すでに述べた通り、天覧飛行時のお相手役でもあり、本地原演習場で共に勤務した仲である。肝胆相照らし、意気投合する男同士の意地は、まさに見事と言うべく、一も二もなく合意して、新制度による特別操縦見習生の教育に、渾身専念することを誓い合ったのである。

教育訓練に明け暮れるさ中、昭和十八年春のことである。航空廠から領収した双発高練機を大刀洗飛行場へ輸送中、高度三千メートル上空で突然、右エンジンのプロペラが轟然たる音と共に吹っ飛んだ。すかさず左に舵をとり、片舷飛行で大刀洗飛行場に無事着陸した。

この種のトラブルは、それまでにも起きていたが、その後の対策で、皆無となった。これは深牧少尉らの進言によって、プロペラの取り付けボルトの径二・五ミリが三ミリに改修されたからであった。

それにしても、プロペラが一瞬にして吹っ飛んだ刹那を思い起こしてみる。筆者も片舷飛行に陥ったことがあるが、エンジン・トラブルによる場合とは、格段の相違があるはず。急変に対応した処置が、瞬時に要求される咄嗟の場面で、少尉がとった操作は、無意識裡になされたという。空中勘が、いかに優れた天性によるものであるかを物語っていよう。

迎撃隊長と教育訓練の兼務

昭和十九年に入って早々、深牧家は長男誕生という慶事に恵まれた。一月二日のことである。十六年二月二十日の長女出生についでのおめでたである。しかも深牧少尉は、中尉に昇進した。

一方、戦局はいよいよ厳しさを増していた。中国大陸を基地として、B－29は北九州を経由して大刀洗に来襲した。そこで、同年春に迎撃隊が編成され、深牧中尉が隊長に就任された。

これは、特別幹部候補生と少飛（十五期生）の教育の傍《かたわ》らの重要なる任務である。任務に軽重ありとするならば、迎撃飛行との兼務は、あまりにも多くの課題を投げかけた。

迎撃隊は、常時即応の態勢をとっていなければならず、警戒警報があれば、分秒を競って素早く離陸することになる。そして、高度八千メートルから一万メートルの間で重層配置をとって、進入する敵機を待ち受けるのだ。

七月某日、大陸より東進中との警報があって二式単戦六機が、北九州上空高度八千メートルで待機していた。迎撃隊長の深牧中尉機は、全方位に眼を配りながら、待機した。時間的にも到着してよいと思われるのに、いっこうに敵の機影が見えない。薄い層雲が邪魔しているようだ。そう判断した中尉は、すかさず雲を突っ切って雲上に出る。雲の上に出て見張る。北九州上空は何の変哲もない。

そこで西方に機首を向けて飛行すると、遥か西南方、大村湾上空あたりに、突如、高射砲による四〜五発連続の黒煙があがり（高度六千メートル付近で炸裂）、その上空に黒点の固まりが見えた。明らかにB－29の編隊である。

敵機影は、いよいよ鮮明になって近づく。九機編隊である。迎え撃つ深牧中尉の胸は高鳴りして弾む。ただちに僚機に知らせようとして、頭をめぐらす。だが、中尉の視界には、一機の僚機すら見えない。雲を突っ切って来た時に離れたのか、と気になる。敵の行動と友軍の僚機に注意力は二分される。B－29はどんどん迫ってくる。

〈止むを得ん、九対一の決戦だ〉そう呟いた中尉は、自機との高度差はかなりあるが、少しでも高度差をちぢめようと、レバーを全開にして上昇、対向前進中に編隊からいっせいに火を吐いた。

最初の発射では、思わず無意識に頭を引っ込めた。十二・七ミリ機関銃を一機で十二梃ももっている。それらが中尉機に向けて、いっせいに発射したのだ。弾丸は、アイス・キャンディーの束のように射出した。一千メートル以上は離れている。敵は、焦っているようだ。

ふっと、射撃訓練が中尉の頭をかすめた。写真撮影から始まって、曳航する五メートルの吹き流しに、実弾を発射するが、そのときの距離は三百メートルを焦点距離としている。二式単戦の装備は、十二・七ミリ二梃のほかに七・七ミリを二梃持っている。十二・七ミリならば、三百メートルは有効破壊距離である。

〈一撃必殺でゆく。よし、かくなるうえは止むを得ん〉

前下方から、ぶら下がるようにして敵機の長機の機翼が照準眼鏡一杯になり、まさにぶっつかりそうになって一連射をかけ、後方に通り抜けた。照準器で見る距離と、実距離の差異があまりに大きいことを認めざるを得ない（日本の九七式空爆を眼鏡で見るのとは桁違い）。

編隊は北九州方面には向かわず、右旋回をはじめ逃避行に移る。おのれ、このままではと無我夢中で追いかけたが、如何せん、性能の違いは歴然として進路と距離は開くばかりで、ついに断念した。

大漁を逃した痛恨の思いにかられて帰還する中尉の脳裡には、次から次へと無念の思いが押し寄せていたが、彼は新しい歴然とした感慨に浸っていた。

それは、個々の人間の争いや不平不満は、「大義という不文律と比べるとき、何と微々たる」稚気に過ぎないものであるか、ということであった。そして、彼は嗚呼《ああ》！と大きく嘆息して着陸したのであった。

着陸後の検査で、深牧機は、胴体に被弾し、操縦席の座布団の下に十二・七ミリ弾が止まっていた。無数に発射した敵弾の一つだった。

ここで、「二式単座戦闘機、通称『鍾馗』または『キ44』について概要を記すことにする。

二式単戦は、これまでの陸軍の戦闘機とはまったく性格が異なっていたうえ、最大速度、上昇力等が要求に達せず、視界、安全性、着陸速度などにも問題があった。このため採用が危ぶまれたこともあったが改造を重ね、「性能的になお改修を要するところが多く、満足できるものではないが、対爆撃機用戦闘機として使用できる」という判定があり、十七年二月に制式に採用となった。

なお、一式単戦が旋回性能を重視した近接格闘戦用の軽戦闘機であったのに対し、二式単戦は速度や火力を重視する一撃離脱戦法用の重戦闘機である。最大速度六百キロ／時以上、上昇力五千メートルまで五分以内、行動半径六百キロ以上という性能を持つ。武装は七・七ミリ二梃、十二・七ミリ砲二門をもっている。

ここで戦局に眼を転じてみる。昭和十九年七月八日、サイパン島を占領した米軍は、十月二十一日には比島のレイテ島に上陸を開始した。レイテ決戦といわれたこの戦闘で、我が軍は甚大なる損害をこうむり、これに対して十月二十五日、初めて神風特別攻撃隊が出動した。鬼神も哭く、忠烈を極むるこの偉大な壮挙に、国民はひとしく感動すると共に、戦局の急迫を痛感したのであった。

このような不利な戦局を必死になって挽回せんとしたが、戦局はますます厳しさを増すばかりであった。大刀洗においても、B－29による爆撃に晒《さら》される事態となり、大刀洗における迎撃隊は、小月の師団司令部の隷下に入り、改めて迎撃隊を編成した。編成は、二式単戦をもってし、昼夜を問わず迎撃待機となる。隊長は茂刈少佐であったが、少佐は迎撃戦には参加せず、迎撃するたびごとの戦況を、中練機を操縦して小月に飛び、師団司令部に報告していた。だが、少佐の報告には、実体と齟齬するところがあり、その職を多田中尉に空け渡さざるを得なかった。

多田隊長になってからも、迎撃パイロットの帳本人である深牧中尉の実戦報告に匹敵するものはない、との評価が高かったのは、至極当然すぎることであったろう。

十九年暮れ、大刀洗飛行学校は解散した。深牧中尉は鳥取派遣飛行隊長の命を受け、鳥取に赴任する。その後、甘木にいる家族を呼びに行ったついでに、旧学校の現況を確かめたく大刀洗に行ってみた。三月二十七日のことだった。大刀洗には、百部隊が駐留している。
ちょうど、この日に賀陽宮殿下がお見えになるとのこと。そこで、百部隊長から深
牧中尉に、宮様の御案内役を務めるよう依頼があった。深牧中尉以外に、大刀洗に詳
しい幹部がいなかったからだ。中尉は、軍装に略綬をつけ、軍刀をもって宮様を迎え
る隊長の最右翼に立ってお待ちしていた。
十時十五分だった。英彦山の方から轟々と爆音が湧いた。と、見るやB－29の巨体
が突然、現われた。それは、傲然と英彦山すれすれに襲って来た。九機編隊か、と見
るや、そのあとにまた九機編隊がつづき、さらに九機が梯団となって押し寄せた。
警戒警報はない。それどころか、宮様をお迎えする寸前の出来ごとである。迎撃隊
は不在である。虚を衝かれた百部隊の幹部をはじめ、航空廠支部幹部ら一同、なす術
もなかった。
先頭の九機編隊の爆撃によって、地上施設の被害は眼を覆うばかりとなっている。
そこへつぎつぎと九機編隊が押し寄せて爆撃し、地上は濛々たる黒煙と各所に火の手
が上がり、見るも無惨なありさまである。飛行学校の建物は、ほとんど全壊し、材料
廠や航空支廠など壊滅的な打撃を受けたのであった。犠牲者も七十名を越すほどで、

悲惨きわまりない被害であった。

三月三十日、警戒警報が発令され、『全員ただちに避難せよ。急げ‼』と、大声で号令をかけたのは深牧中尉だった。

ここは、大刀洗航空機株式会社である。この会社は、陸軍のユングマン機（キ86甲）と海軍機を製作していた。中尉は、航空本部監督官として、この軍需工場に居合わせていた折のこと、一刻を争う火急の場面で、軍人本来の指揮権を行使する措置をとったのである。

号令は、社員全員に徹底して伝達され、三百余名の従業員が避難できた。案の定、警報があって十五分か二十分後、Ｂ－29の九機編隊が三梯団となって、大刀洗航空機株式会社をはじめ、他の多くの施設を爆撃した。損害が大きかった。

だが、特筆すべきは、一名の犠牲者も出なかったことである。警戒警報発令と同時に、『全員ただちに避難せよ！　急げ‼』の大号令を発した深牧中尉の適切な決断によるお蔭であった。

翻って戦局を見ると、敵の侵攻ぶりはいちじるしく、帝都をはじめ、特に関東、中京、阪神、九州各地の主要都市に対し、Ｂ－29の大編隊による跳梁ぶりは、眼にあまるものであった。

さらに、三月二十五日には、連合軍の沖縄攻略戦が開始された。またそれより先、大本営発表として、次のような悲愴きわまる重大事態が報じられたのである。

――大本営発表（昭和二十年三月二十一日十二時）――

硫黄島の我が部隊は、敵上陸以来約一ヵ月にわたり敢闘を継続し、殊に三月十三日頃以降、北部落及び東山附近の副廓陣地に拠り凄絶なる奮戦を続行中なりしが、戦局遂に最後の関頭に直面し、「十七日夜半を期し最高指揮官を陣頭に皇国の必勝と安泰とを祈念しつつ全員壮烈なる総攻撃を敢行す」との打電あり、爾後通信絶ゆ――と。

このように、きわめて切迫した戦局に対処して、特攻による攻撃を切り札とし、その隊員の養成訓練が急務となっていたのである。

特別攻撃隊長を命ぜられる

昭和二十年五月、鳥取で特攻隊が編成され、その教育隊長に深牧中尉が指名されて就任した。その後、鳥取の湖山飛行場は狭隘のため、米子に移動したが、P‐38などの来襲があり、教育も思うに任せぬ有り様であった。そこで、米子から明野、明野から鈴鹿へと変わったが、ここもP－51やP－38の跳梁下にあって、いたずらに日を過ごすほかはなかった。

やがて、約二週間後に深牧隊長は、若鷲一行を引き連れて新潟飛行場へ移ることになる。新潟飛行場に着いた特攻訓練員にとって、ここもまた腰を据えて訓練できる場所ではなかった。新潟湾には、絶えず機雷投下のため、敵機が飛来する。

万策つきて、ふたたび米子へ舞い戻ることになった。ただし、米子にもグラマンが来襲する。したがって、昼間の訓練はできず、薄暮になると、松林や掩体壕から飛行機を引き出して飛ぶことになる。

特攻訓練は、もっぱら超低空で海面を這うが、夜間ともなれば高度の判定がむずかしい。この暗がりの海面を、訓練によって昼間同然の飛行伎倆に向上させて平易に飛ぶこととなる。

ともあれ、敵の眼を盗んでの訓練は、特攻要員にしても、隊長としても、心もとないことであったろう。

こうして、四苦八苦して訓練に励んだ結果、八月初旬には終了した。また、八月一日には深牧隊長は、大尉に昇進した。これで、隊長としてもひつまず肩の荷をおろした安堵感を抱いた。

訓練した特攻要員は、下士官学生二十名、特操二十名の計四十名となったのである。だが、この特攻訓練は、これまでの一般操縦訓練とは違い、数段も緻密な計画と配慮が必要だった。

というのは、一人一艦主義をとる戦闘要員は、まさに虎の児である。貴重な存在である要員を、たとえ一名でも訓練中に失うようなことがあれば、国家のためまことに申し訳がないことでもある。このおもいが四六時中、心から離れることはなかった。

ところが、さらに重大責任が、深牧大尉の両肩に、どっかりとのしかかってきた。それは、思いもよらぬ突発的な、しかも計り知れない驚きと戸惑いと、重大な決意を要するものであった。

ある日、岐阜の師団司令部から某参謀が見えた。参謀は、深牧大尉に会って、「おそらく最後の特攻かも知れぬ。隊長として頼む」と、言った。あまりにも唐突な参謀の発言を、大尉は呆然として聞いた。あたかも、他人に話しているように聞こえたのが不思議だった。

だが、参謀が右のポケットから、『日の丸』の腕章を取り出し、深牧大尉の腕に巻いたのである。狐につつまれた思いにかられて、大尉は参謀の後ろ姿を見送った。そして、参謀が巻いていった腕章を見つめた。

腕章はまさしく特攻専用の『日の丸』であった。「特攻」とは人間の一切の思惟と情熱と欲望や存在をも拒絶し、すべての権力を剥奪して、容赦なく奈落の底へ引きずり込もうとする魔王のように威厳がある。そう見えるのだ。そして、乗り移ったその魔王が、がっぷりと、全身に組みついて離れまいとする。

大尉は、目の前が灰色で覆われ、頭の中がまっ白になって、自分の存在すら掴《つか》めない。放心状態というべきである。……それから、どれほどの時間が経ったか知れない。

大尉は、ようやく、呆然自失の境地から自分を取り戻せたように思えた。それは、腕章に巻きついた魔王と自分が、内面で鋭く対峙し、激しく葛藤していることを意識したからである。

彼は、これまでに数多くのパイロットを育成してきた。なかでも所沢、熊谷、大刀洗の各飛行学校で、手とり足とりして鍛え込んだ助教らをはじめ、今では数名の若者が特攻隊員として散っていったのだった。

彼らが、知覧から出陣する日、誘導路から滑走してくる特攻機に大尉は走り寄り、翼の上にかけ上って、特攻員の肩を叩き、「心おきなく征《い》ってくれ‼」と、最後の贐《はなむけ》の言葉を贈っていた。

その場面が今、生々しく写し出されてくるのだった。あの時、若いパイロットの心境を計り知ることはできるはずもなかった。が、知ろうとさえしなかった。他人ごとのように、漫然と眺めていた自分ではなかったか。それが、今度は現実なものとして、我が身に振りかかってきたのだ。

こうして見ると、大義を全うしようとした若い特攻員が、なんと気高いことか。そして惨めな今の自分が、なんと情けないことか、と悔やまれる大尉であった。

大尉は、特攻で散ったかつての教え子に向かって、「君たちは、今では立派な僕の教官だ。僕は、これから君たちに学ばなければならぬ」と、心の底で叫ぶ声を聞いた。

だが、三日間というものは、懊悩として脱力感に襲われ、何一つ手につかなかった。食事にしても砂を噛むようで、味覚を満喫するどころではない。いかなる御馳走も食欲をそそるものはなかった。

特攻隊員となった幹部は、鳥取市内の皆生《かいけ》温泉東光園という、超一流旅館に宿泊して、特別待遇に浴していた。ここには、三笠宮殿下はじめ藤原銀次郎軍需大臣など軍の高官が激励にお出になられた。宮殿下からは、高級ウイスキーを賜った。だが、こうした処遇とは裏腹に、絶えず雲に乗っているようで落ちつかない。

大尉は、軍人として表向きには冷静を装っているが、心底から揺れ動いているもう一人の自分がいることを否定できずにいる。あわよくば、魔王から逃れる方便はないものか、と女々しい誘惑の手が招くのを制しながら、彼は眼を閉じて葛藤に耐えるのであった。このような日が、来る日も来る日もつづいた。

そんな日に、大尉の脳裡には、パイロットになろうとした少年の日のことや、目出たく飛行学校を卒業し、やがて郷土訪問飛行をやったことや、天覧飛行の栄誉に輝いたことなどの写し絵が、韋駄天のように突っ走るのを、他人ごとのように眺めていた。だがもはや、そうした過去のことに郷愁を覚えないのが不思議だった。あたかも、無機物のような自分を意識した。

〈酔生夢死とは、このことか〉と、大尉は呟いた。だが、生来このような心境に、唯々諾々として甘んずる大尉ではない。

翌日、彼は、腕章をじっと眺めていたが、なぜか心が落ち着くように思えた。そこで、まず家族宛に、軍人専用通信紙に黒痕あざやかに遺書をしたためた。書き終えた大尉は、深く息を吐いた。「これで良し。何もかも清算できた。悠久の大義に向かって進むのだ」と言ったとき、大尉は心底から救われた思いに浸った。

彼は、数日前、特攻で散った大尉の教え子に向かって、「君たちは、今では立派な特攻の教官だ。僕は、これから君たちに学ばなければならない」と、自戒するように自分に言ったことを思い出していた。

だが、今「俺は、やっぱり君たちの教官でありたい。教官の面目を潰《つぶ》すことは恥ずべきだ。教官らしい特攻を遂行してみせる。その日も近いであろう。よく、見ておってくれ」と、決意を込めて自分自身に言った。

決心がつくと、全天を覆っていた雲は切れ、蒼空が蘇ってきた。灰色の視界は、白日の下に開けて来た。食欲も旺《さか》んになり、アルコールにも手が出た。何が起きてもおそれるものがなくなった。大尉は、生来の気魄に満ちた自信を取り戻したのである。

青天の霹靂

昭和二十年八月七日十五時三十分、大本営発表として、
一、昨八月六日、広島市はB－29少数機の攻撃により相当の被害を生じたり
二、敵は右攻撃に新型爆弾を使用せるもの如きも詳細目下調査中なり
――と、報じた。また、新聞は次のような解説記事をいっせいに掲載した。

――六日の広島空襲において敵は新型爆弾を使用し、そしてその効力は侮れないものがある。各関係当局は係官を現地に派遣し、その威力及び対策について研究を遂げている。

敵は口に正義人道を唱えつつ、無辜《むこ》の民衆を爆殺する暴挙に出ていることは調査の結果、いよいよ明白であり、敵はこの新型爆弾を使用することによって戦争の短期終結を急ぐ焦慮ぶりを、いよいよあらわしているものと見るべきである。

新型爆弾の炸裂状況は、落下傘をつけて地上約五、六百メートルに降下した際、強力なる閃光を発して炸裂、これと共に大爆音を発し、強烈な爆風と高熱をともなうもののようである。敵がこのような新型爆弾を使用し始めたことについては、十分な警戒と対策を要することはもちろんであるが、戦争遂行中において新型攻撃兵器が出現すると、多くの場合において、その威力が非常に過大に感ぜられることを例とする。たとえば、ドイツのV一号の出現の際のごとき、英国においてはその対策が完成するまで相当な混乱と動揺を見せたが、その対策が完成すると共に冷静に帰した如きもその一例で、今回の新型爆弾に対しても着々として対策が講ぜられるであろう。とにかく敵のこのような非人道的な行為に対しては、我が方の断乎たる報復を覚悟せねばなるまい。

敵はこれと同時に、トルーマンの声明をはじめ、しきりに誇大な宣伝を開始しているが、その恫喝に屈することなく対策よろしきを得れば、被害を最少限度に食いとめ得るだろう。敵はこの挙により、一般民衆をも無差別に殺傷する残忍性を遺憾なく発揮している。

ついで、歴史上初めて投下された原子爆弾に関するトルーマン大統領の声明を掲げる。

——今から十六時間前に、アメリカ軍は日本陸軍の重要塞地広島に一つの爆弾を投じた。それは二万トンのTNN以上の力と、かつて歴史上用いられた最大の爆弾、イギリスの「でっかいドンピシャリ」（グランド・スラム）の二百万倍以上の力を持っている。

この爆風をもって、ますます強大になりつつある我が軍に、さらに新しい画期的な一威力を加える生産をなしたのであって、それは歴史上初めての偉大な功績である。

（中略）

我々は今、日本がどの都市にももっているあらゆる生産施設を、今までよりもさらに速やかに、さらに完全に抹殺する用意がある。我々は敵のドックと工場と交通機関を破壊しよう。これは名目だけではない。我々はあますところなく日本の戦力を破壊しよう。

七月二十六日に出されたポツダム宣言の最後の通牒は、日本の国民を最後の破滅から助けることである。その指導者たちは、たちまちこれを拒否した。もし彼らが今、我々の言葉を受けいれないならば、彼らはこの地上に、かつて見なかった滅亡の雨の降るのを予期しなければなるまい。しかもこの空の攻撃のあとに、もう先刻御承知の陸海の精鋭のすばらしい戦力が続くであろう。——などと豪語した。

しかしながら、八月九日には「ソ」連軍が参戦、東部及び西部満「ソ」国境を越えて攻撃を開始した。また、樺太国境方面の「ソ」軍の一部は、同日午後、我が軍に対して攻撃をしかけたのである。加えて、同日十一時頃、B‐29は長崎市に原子爆弾を投下したのであった。

このような戦局の緊迫は、国の命運をかけて背水の陣を敷き、不退転の決意をもって活路を見出す以外に方策はなかった。ここに特別攻撃隊の存在が、ますます重要視されることになっていた。

深牧大尉は、隊員と共にこのような時局を直視し、任務の重大さを噛み締めて、しずかに下命の日を待っていた。

八月十四日、昼近くのことだった。明十五日正午に陛下の玉音放送があると伝達された。それに、誰いうとなく日本は無条件降服をする、との情報も飛んだ。玉音放送については、師団司令部からのものであり、誰もが納得できたが、無条件降服については、その信憑性《しんぴょうせい》を疑わざるを得なかった。

こうして十五日を迎えたのである。深牧大尉は、玉音を拝聴するについては、まず身嗜《だしな》みを整えようと理髪店へ向かった。いつもは、忙中閑を貪《むさぼ》る理髪店ではあるが、今日ばかりは、仰向けになった椅子の上の大尉には、理髪の手際がもどかしいのだった。

正午になる前、できる限り仕上げて欲しい焦りがあったからだ。横ざまになって拝聴する不敬を許せないと、大尉は思っていたのだ。幸いにして十分前には終了し、気分も清々しく立ち上がり、直立不動の姿勢をとることに間に合った。

深牧大尉は頭を垂れ、謹んで詔勅を拝聴した。時折、聞き難い箇所があり、その箇所は陛下のお声が低かった。その折に大尉の胸は詰まるのだった。

『朕ハ時運ノ趨《おもむ》ク堪ヘ忍ヒ難キヲ忍ヒ以テ萬世ノ為ニ太平ヲ開カムト欲ス……』と、仰せられたことが明確に脳裡に焼きついた。

だが、詔勅を聞き終わった大尉は、頭をがっくり垂れていた。まさに青天の霹靂である。何もかもが、大音響を立てて崩潰するさまを見る思いで、大尉は佇《たたず》んだ。これまで張りつめていた弓弦が、俄《にわ》かに断ち切れてしまって、空虚さだけが残った。この衝撃は、如何なるものにもたとえられない。大尉は、うなだれて個室に戻ってきた。

大尉は、軍服の上衣を脱ごうとした。『日の丸』の腕章が、しっかり付いているのに気づいた大尉は、語気を荒げて叫んだ。

「この腕章は一体、何だ！　軍人を侮蔑する最たるものだ。俺は、この腕章によって人間の最高地点で生涯を飾れると、そう納得させて自分自身を叱咤して来た。納得させるまで、どれほど葛藤を繰り返して来たか知れない。それを、この場にいたって、この欺瞞は何だ‼」

深牧大尉は、終戦の詔勅によって再生に恵まれた幸運を無視して、こう叫んだ。「家族へ書いた遺書も欺瞞の標本だ」とも、言った。大尉は、『日の丸』の腕章をはずして、床に叩きつけようとした。が、彼は突然、こう叫んだ。

「腕章は特攻戦士だ。これまでに散っていった彼らを冒瀆する所為はできない」と。彼らが、どんな思いで死を選んだか、大尉は自分の思いに重ね、〈申し訳なかった〉と、腕章を捧げて瞑目した。

大尉は、〈すべては白紙だ。新しい第一歩を踏み出すほかはない。詔勅にあった『忍び難きを忍び……』を実践することが、生かされた者の責任である〉と思った。そして、〈特攻要員として養育し待機していた四十名と共に、発令の一両日を前にして生命を保全されたことに感謝すべきだ〉と、思うのだった。

八月十六日夕、「今から戦争に入る。ただちに全機爆装せよ」と、師団司令部から命令が出た。昨日、詔勅があった直後のことで、突然の命令に誰もが唖然とした。一刻も早く爆装準備を整えようと、米子市民の協力を得て、真夜中、あちこちの松林から飛行機を引き出して爆装を完備した。

だが、十八日になって、この命令は、岐阜の師団司令部から出たものではなく、私物の命令である、とのこと。そこで、爆装を元に復し、器材のすべてを整備して戦勝国へ引き渡せる態勢をとれ、との指示が発せられたのである。

じつは、この前日、司令部から命令受領のため岐阜まで出頭せよとの指示があり、米子から乗用車をさし向けた。ところが、いつまでたっても着かないと言う。そこで、始動車（飛行機のエンジンを起動させる）を出す。がこれも未着のため、今度は補給車を出す。だが、これも未着のため、いよいよトラックを駆って、深牧大尉の運転により師団司令部に出頭し、情報の確認ができたのであった。乗用車やその他の車は、いずれも途中から行方不明となったのである。

終戦による混乱で、隊員の動揺がこのような面にも現われたのであった。彼らは途中から帰郷してしまったのであった。ただ、翌十八日には、師団司令部から正式に、残務整理に必要のない人員は、帰郷させよとの命令が出された。

八月十九日、帰郷する隊員や残務整理のため居残る隊員で、隊内はざわついていた。帰郷する者が、軍需物資を運び出したとか、そのための争いが起きたとか、あらぬ噂が飛び交った。

深牧大尉は、このような雑事を傍目《はため》に、大小の残務整理に追われていた。そこへ、あたふたと駆け込んで来た隊員が、「今、農家の倉庫に一杯、隠匿物資を運んでいる者がいます」と、進言した。

執務中の大尉は、驚いた顔を向けて憤然として立ち上がり、「それは誰だ。間違いないか、よく調べて報告せよ」と申しつけた。

小一時間も経ったろうか。この間、大尉の胸中は、煮え湯のように湧き立っていた。戦争は敗けた。多くの日本人が死んでいった。その中で、自ら死を捧げた特攻兵士がいる。彼らは、きっと無念を呑んで死んでいったに相違ない。それらの人を無視して何たることか。私欲に眼が眩んで、軍需物資を運び出すとは、言語道断、と生来の正義感が烈しく燃え熾っていた。

そこへ、先刻の隊員が一人の男を連れて入って来た。襟章は取りはずしているが、まさしく准尉である。

「なんだ、貴様か……」と、大尉は一喝するや否や、電光石火の鉄拳が准尉の顎に炸裂した。と、見るや矢継ぎ早に連打した。准尉が、フラフラする上体をなんとかささえようと、全身で堪える仕草を見せたが、嵐のように浴びせる両の鉄拳の連打で、ついにバッタリと床に倒れた。

大尉は、横ざまになっている准尉の口中が切れて、鮮血が散ったのを見ると、「貴様は、それでも日本人か……」と、怒鳴りつけ、長靴のままで准尉の足腰を蹴飛ばした。軽傷を負ったに相違なかった。だが、死んでいった同志に対して、軽傷くらいですむはずはなかった。

大尉は、生まれて初めて人を殴りつけたのだった。だが、憤怒の心情は大尉個人から発生したものではなく、少なくとも特攻隊長を命ぜられた職責上から、死を捧げた尊い戦友の憤りを代弁しなければ納得できなかったのだ。

大尉は、ぶちのめした准尉に対し、祈るように〈すまなかった。今後は心を入れ替えて頑張ってくれ〉と、念じた。深牧大尉の目頭は紅く、今にも泣き出さんばかりの男の顔になっていた。

八月下旬になって、深牧大尉の家族は帰郷することになる。深牧夫人にしてみれば、戦火のさ中の米子での生活は、あまりにも激しいドラマに満ちていた。特に、特攻隊長を命ぜられてからの夫人は、一日一日祈るような敬虔《けいけん》な生活の中で、ことさらに特攻隊長の夫人として、どうあるべきかに執着し、己れの恣意を捨てて大義の心を学びとろうと努めたのであった。

米子から熊本県の実家までは遠かった。四歳の長女と一歳半の長男を連れての旅だった。母親の頭の中には、いつも特攻隊長の主人の影があった。だからこそ、混雑をきわめた列車の中も、むずかる二児を連れての長旅ながら、夫人は何の苦労もいとわなかった。

途中、一泊して懐かしい故郷の土を踏んだ夫人を、今は爆音のまったくない晩夏の蒼い空が迎えてくれた。とうに発送していた荷物は、いまだに届いてはいなかった。だが、夜になると、灯火管制のない電灯が眩しく、賑々しい蛙の鳴き声に、身も心も癒されるのであった。

深牧大尉は九月末、復員となる。それまで残務整理に取り組んだ。ある日、執務中に安岡中佐が入って来た。中佐は、階級章をはずしていて、すっかり人間が変わったように見えた。彼は、開口一番にこう言った。

「君はまず首だナ」と。さらにつけ加え、「米軍機を迎撃した事実は明らかだ。その点、俺は戦闘に参加していないからナ」と。

嫌味とも、侮辱とも思える中佐の発言に、深牧大尉はむっとして眼を向けた。炯々とした大尉の眼光に怖《お》じ気づいたか、中佐はそそくさと立ち去った。

〈これが日本陸軍の高級幹部か……〉と、大尉は、いささか驚きの眼を放ったのである。

第三章　大空への憧憬

昭和13年4月、深牧准尉

復員の日

昭和二十年九月末、陸軍大尉深牧安生は復員した。階級はもちろん、一切の官職とは無縁の無官の大夫《たいふ》となり、裸一貫、生まれ故郷の熊本県鹿本郡岳間村（現鹿北町）の生家に舞い戻った。思えば、昭和五年一月、大空に大志を抱き、郷関を後にしてすでに十五年が経っていた。

彼は、高台の二階の生家のたたずまいを仰ぐように見ていた。我が家が、これほど威厳に満ちて堂々とし、あらゆるものを抱擁する温もりに溢れた殿堂として映ったのは初めてだった。その屋根の下で、父恵吉、母キクの三男として生まれ、大津中学の第二回卒業生として五年間通ったことが、まざまざと思い出されてくる。彼は眼を閉じて頭を下げた。凝縮された十五年が、胸中に充満して眼頭が熱くなる。それを堪えて我が家へ辿りついた。

母は戦時中に亡くなり、父と長兄は壮健だったが、戦争による悲惨は、容赦なく生家を襲っていた。次弟は、ガダルカナルで戦死し、満州の公社に勤めていた末弟は、終戦一週間前に召集されて行方不明のままだった。その妻は、その後、満州から帰って来たが、剃髪して乳飲み子を抱えた義妹の姿は、見るも痛々しい限りだった。

このような環境で、同居を勧める父や長兄の厚意をためらう深牧氏は、とりあえず菊池市に在住の夫人の生家へ身を寄せることにした。米子から送った荷物は、一ヵ月以上も経っているのに、いまだに着いていない。そこで、彼は熊本駅から列車に乗って、一駅ずつ調査に出かけた。ところが、大牟田駅に止まったままである。手配の末、十月半ばになって、ようやく届いたのであった。

その頃、生家から四キロほど離れて、製米業を営んでいる長姉から、倉庫の一室を空けるので、そこへ仮住まいしてはどうかと話があった。渡りに船とばかり、生家から畳みを十枚ほどもらい、リヤカーで運び込んで住居の一室を整える。

これで、衣、食、住の三拍子が揃うことになる。と、いうのは、最重要の食は、長姉が胸を張って引き受けると言う。さすがは製米業の特権である。肉親の温情は有難い。

さて、三拍子揃うと、忘れようと努めていた虚無と放心の浪に襲われる。折も折、復員軍人が相次いで帰郷してくる。若者が少なかった村に、男性が増えてきた。軍人、特に職業軍人は敬遠される傾向があり、加えて〝特攻崩れ〟などと、よからぬ流行語が飛び交った。

この卑語は、深牧氏が忘れようと努める過去をふたたびぶり返し、懊悩の日々に舞い戻らせるのだった。同時に、特攻で散った彼の教え子たちが冒瀆されるように思えて、憤りの念に燃えるのであった。

こうした陰気に浸る彼を救う手立ては、見つかりそうもなかった。それだけ、敗戦によるショックは大きく、毎日が重苦しかった。

そこへ思いついたのが、魚釣りだった。食糧事情の悪化もあり、動物性蛋白質の補給に、と考えたのが鰻《うなぎ》だった。幸い、菊池川には鰻が上ってくる。だが、ズブの素人である。何ごとにも謙虚な彼は、土地の玄人に伝授を請うことになる。ところが玄人の御仁は言を左右にして、いっこうに教えてはくれなかった。

止むなし、と彼は独自で実行に移る。しかし、初日からまったく当たりがない。諦《あきら》める彼ではない。性懲りもなく挑戦する。三日、四日と無為の日が続く。だが、それまでに工夫に工夫を重ね、改良した道具と手法で試み、五日目にしてようやく一匹を仕留めた。要領は掴《つか》んだ。

こうして、一週間も経つと、二、三匹を仕留めることになる。雨が降って、増水した川は濁流となるが、濁りが澄むと鰻は、以前獲れた場所でかならず仕留めることができた。

〝柳の下に泥鰌《どじょう》〟というが、鰻も然りで、同じ場所に戻っていた。場所を選ぶコツを会得した。橋の上から川面を見ると、鰻の居場所がわかるようになるのだ。毎日毎日、鰻とりに余念がない彼を見て、近所の人たちの挨拶が変わった。「今日は何匹とれましたか」と。

そのうち、連日の漁獲量に驚いた地元の人たちは〝鰻とりの名人〟の称号を奉った。ところが、好事魔多しとか、深牧夫人が病気となり、寝込んでしまうことになる。そこで、隣近所の口さがない連中が噂した。「あれは、鰻の祟《たた》りによるものだ」と。

こんな噂が広まると、純粋な深牧夫人だけに、風評に弱いのは致し方もない。「鰻とりは止めて下さい」と、注進するにいたった。さすがの名人も、夫人の要請に応ずることになる。目的を剥奪された深牧氏は、心のよりどころがなくなり、ふたたび放心と虚無の心境に陥る。

ところが、それがふとした縁で、沈思黙考の日々に移行することになる。それは、次のような引っ掛けによるのである。

ここは、菊池郡にある塾を経営する儒学者の自宅である。夫人の関係で、この先生に勧められ、八畳一間を与えられて、家族同様に処遇され、彼は座禅を組んで一切の雑念を払い、ひたすらに瞑目しつづけたのである。こうして、一年近く座禅一筋に耽《ふけ》ったのだ。

一方でここから三キロほど離れている深牧夫人の生家の前に、戦時中耕作者がなく草茫々の畑があった。この荒地に眼をつけた深牧氏は、この畑の開墾に取り組んだのである。

昭和二十三年に入っていた。その前年の十一月四日には次男誕生という慶事があり、この新たなる開拓精神を、いやが上にも勇気づけるのだった。

彼は、朝から晩まで開拓に挑んだ。三百坪の土地に、スコップ一丁で取り組んだのである。目標が定まれば、中途で止むことはない。たとえ、それが如何に至難であろうとも、徹底して挑んだ。天地返しと言って、深さ四尺の溝を掘り、地中の土と表土を入れ替える作業である。こうして土質は改善され、どんな作物にも最良の効果をもたらすのだ。

深さ四尺の溝が、直線に並ぶと労働の成果が歴然と見え、貴さが胸に染み込んだ。その溝に落葉を入れると、さらに土壌は改良される。土地の人が通りかかって挨拶する。「先生！　何をやっているのですか」と。

だが、作業には飽くなき労力と根性が要る。昭和二十三年、四ヵ月余をこの作業に費やした。天地返しの作業で、スコップの三分の一は磨り減っていた。

雨の日には、作業を休んで農事試験場に通った。改良をほどこした農地に適する作物は何を播種《はしゅ》すれば良いか、その時期や方法など、素人だけに詳細をきわめて質問する。

最初は、豆類が良かろう。などと、軽くあしらっていた係員も、質問攻めに会って、うんざり顔をする始末である。だが、真剣そのものの俄か百姓には、ただただ辟易するばかりであった。

こうして作付けした成果は、文字通り見事な出来栄えだった。さつま芋の巨大さには、作者自身が驚いた。キャベツの出来栄えに、当初は葉の広がりを嘲笑していたが、やがて丸々と結球し、見るみるうちに大球となり、一かかえするほどの代物となった。

通りがかった本職の百姓が驚くほどである。この開拓農地から採れた作物は、あらゆるものが逸品で、地元の大評判となったのである。

そのうちに、開拓地近くの夫人の生家の宅地五十坪を借りて家を建てた。八畳、四畳、四畳半ではあるが、一家を構えた深牧家にとっては、敗戦による打撃から立ち直る転機となったのである。

新築した家から六キロほどのところに、食糧事務所出張所がある。そこに陸士出身者がいて、彼の父が深牧氏に会いたい、と言う。彼の父は、出張所長の職にある。

深牧氏は、何事ならんと思いながら会談に応じてみた。ところが、製米、精麦から製粉までを処理する政府指定工場を、一日一時間ほどで良いから見てくれまいか、との要請である。深牧氏としては、農業従事者としての一時間の割愛は、さほど苦痛ではない。応ずることにした。

そこで、食糧工場の現場を訪ねてみた。一日一時間の作業量としては、その日の出来高を県の加工業者による協同組合に、日報で報告することくらいである。これは、特に問題ではないが、協同組合からの評価は芳しくない。そう言われてみると、どことなくルーズな点が眼につくのだった。「しっかりやって欲しい。君なら大丈夫だよ」。そう言って励まされた深牧氏の眼に、早くもルーズな行動を平然としてやっていることが映った。

従業員は、昼食の弁当を持参するが、食事を終えた空になった弁当箱に、製米や精麦を詰め込んで持ち去るのであった。経営者の眼の届かぬところで不正行為をしている。とうてい見逃すことはできない。こうした風潮を是正するには、一日一時間では物足りない。

そこで、この事実を報告すると、所長が、深牧氏に工場の一切を見てくれまいかと、たっての要請である。考え抜いた深牧氏はこれを受諾し、本腰を入れて取り組むことになったのである。昭和二十四年のことであった。

本腰を入れて、この事業に取り組んでみると、これまで知らなかった多くのことを学んだ。それらのことは、農地開拓経験者にとって、有益なことが多くあった。

製粉、精麦の二次製品として糠《ぬか》や細麦が出てくる。当然のことである。そこで、歩留まりが定められている。歩留まりをはみ出した残り物を有効利用するために、彼は副業として鶏を百羽飼い、子豚も五頭飼った。鶏は八十パーセントは卵を生み、豚は一日に百匁ずつ肥えてゆく。そこで深牧氏は、副業専属者として、中卒の若者一名を採用して管理担当させた。

若者は大変几帳面で、大小残らず記録して深牧氏に報告した。深牧氏は、豚の臀部を見て、肥える豚か否かを決定づける鑑識を得るまでになった。豚の成育状態は素晴らしいばかりだった。

家を建ててから、山羊一頭を飼った。ザーネン種といって、一日二回搾《しぼ》ることができた。一回に搾る量は、五合ないし六号で、買値五千円の価格にふさわしい乳量を搾乳できた。

養豚は、副産物を利用することで、経営は成り立つが、養豚業に欠かせない問題は、糞尿処理と臭気対策である。が、こうした点にも考慮し、近い将来、コンクリートで長さ二十メートル、幅五メートルの養豚場を作り、大量の豚を泳がせる夢を持ったのである。

昭和二十四年に、国の農政が改正され、米の集荷業者を従来の農協一本が、二元化に改められたのである。これまで、農協が集荷業を独占していたが、これからは生産者の希望により、登録制となって、それへの参入ができることになる。

深牧氏は、さっそく登録制を受け入れ、農協と競合することになった。当初は、深牧氏の工場へ出荷する希望者は、十名ほどだったが、それが二年目になると、農協の三分の一の農家が鞍替えして深牧陣営についた。

農家から拠出される産品は、一次、二次、三次に分割されるのが通常である。農協は、その拠出量に応じて精算する。だが、清算の方法は、全額現金払いではない。その何割かは、農協へ貯金させられる。しかも、拠出日から一ヵ月あとのことである。一方、深牧陣営では、拠出日のいずれの日も現金で渡すことにした。しかも、二次には何俵出荷すると確約すれば、前払いで支払う。こうなると、幾何学的に出荷数が増大していく。当然のこととして、倉庫が必要になってくる。

そこで、眼を疑うばかりの堂々とした政府指定倉庫が建つことになったのである。深牧氏は、生まれて初めて、特大の太い筆を揮《ふる》って『政府指定倉庫』と墨痕あざやかに大書し、その看板を堂々と掲げたのであった。

威容を誇る政府指定倉庫には、それにふさわしい量の米の入庫が望まれたが、幸いにして予想を上回る在庫量となった。また、工場の操業は、当時フル稼働であった。現況の需要に応ずるためには、操業率を高めなければならず、その効率を上げるには配電力の増大を図る必要に迫られていた。そこで深牧氏は、電力増供給について申請書を提出していた。ところが、その頃、同業の園田直氏の実弟も、その件で申請していた。

園田氏へは一ヵ月ほどで許可が下りたが、深牧氏の申請にはまったく音沙汰がなかった。どう見ても、不公平と言わざるを得ない。彼は業を煮やして、とりあえず園田氏に聞いてみた。すると、園田氏は単刀直入に言った。「食糧を少し頒《わ》けてやれよ……」と。

深牧氏は、うなずいて、さっそくその通り実行した。案の定、即座に許可が下りたのである。

長い軍隊生活で鍛えられた深牧氏には、とうてい考えられないことであった。〈なるほど、戦争が終わって、誰も彼も同じ環境に晒《さら》された。製米業の特権といって、復員直後に姉上が、「食べる物については任せておくれ」と言った。その恩恵に浴したことを忘れてはなるまい〉と、思い起こした深牧氏であった。

その後、増配電により工場の操業率は向上し、業容も好調そのものだった。

ここで、生産者から持ち込まれた玄米について、公団に納めるまでのプロセスの概要を記すことにする。

まず、製米する工程で何俵の米からいくら製品化できるか、という問題がある。いわゆる、歩留まりである。歩留まりは、米の出来栄えによるのはもちろんであるが、白米にする度合いによって左右される。米の質を度外して、白さの度合いの点からみると、製白を高めれば、等級、価格とも上がる。その上、二次製品（副産物）として糠が多く出る。これは、歩留まりは少なくなる。逆に黒い度合いが多いと等級、価格とも下がり、歩留まりは上がる。この場合の副産品は少なくなる。

製品については検査官により、抜き取り検査が行なわれ、等級が次のようにつけられる。それは、一等から三等まで符号によって、検査表に印される。等級と符号は次の通り。

一等＝◉、二頭＝⑧、三等＝⚠

こうした検査を受けた製米は、日本通運のトラックに積み込まれ、輸送証書をつけて日通の旗を立て、公団の配給所に運ばれることになる。

ともあれ、いわゆる「闇《やみ》」横行の時勢下、物資統制令による厳しい監視の中で、大量の主食米が移動するのである。だが、こればかりは公然たるもので、警察の監視ものかは、堂々たる輸送である。この運送にことよせて、一個人の米を混載するとしても、誰一人として咎める者はいない。

だが、律儀一筋の深牧氏である。この生業に「闇」の翳《かげ》など微塵もなかった。闇夜に飛び立って、Ｂ－29に挑むファイターのパイロットではあるが、地上の網の目がたとえ粗《あら》くとも、それを破る勇気は持ち合わせていなかったのである。

こうして、真正面から生業に取り組む深牧氏が何よりも嬉しかったのは、従業員の和気藹々《あいあい》とした勤務振りであった。入社前、要望されて調査した折に、危惧していたのは卑屈な嫉《ねた》ましい態度は、いつの間にか消え失せて、従業員のモラルは見違えるほど高まっていた。

こうした従業員により、工場の繁忙は、そのまま副産物の量産につながり、それは養鶏、養豚の収益向上に役立った。さらに養鶏、養豚の排泄物は、さきに開拓した農地に有効利用され、収穫を高める相乗効果をもたらしたのである。こうして、完全に軌道に乗った経営者に、にわかに一大転機が訪れたのである。

ふたたび大空に向かって

昭和二十六年十月のある日、一通の速達便が届けられた。差出人は、敬愛する津川秀雄氏である。内容の概略は、航空再開の兆しが確実となったので、なるべく早くこれに対応できるよう、上京の準備を整えておくようにとのことだった。

読み終えた深牧氏の眼は輝いた。その眼を天に向けて絶叫した。眼前が急に明るさを増して展《ひら》けた。見るもののすべてが躍動しているような錯覚に陥った。

終戦以来、七年間、耐え難きを耐え、忍び難きを忍んで今日まで励んで来た。現在、経営者として発展の大道を歩みながらも、彼の脳裡にあるものは、空への憧憬であった。それは、少年のそれのように美しい若々しいものだった。彼は、文字通り小躍りして喜んだのであった。

その後、十二月に入ると間もなく、「シキュウ、ジョウキョウセヨ」の電報を受け取った。ここで、津川秀雄氏について触れておく。

津川氏は、大刀洗四連隊当時の先輩で、元大日本青年航空団補給部長である。また、同氏の長男に深牧氏の姪岡本政継氏の次女が嫁いだが、この時の媒酌人が深牧氏と中野勝義氏であった。このような間柄でもあり、ことさらに綿密な連絡が保たれていた。

深牧氏は、第一便を受けてから、さっそく、工場経営者への申し送り事項に精力的に取り組んだ。それも、早く上京したい一念からであった。

とりあえず、年明けの休日を利用して上京したい旨、返書を出した。そして、正月三日に上京し、二、三泊してつぶさに情況を聞いて帰郷した。航空に復帰する決意は、ますます募るばかりだった。

工場関係の申し送りに目鼻をつけると、あとは子供の転校問題が残った。ＰＴＡ会長であれば、何かと面倒ではある。長男、長女の転校時期は三月とし、四月の新学期からは東京の小学校へと、計画を立てたのだった。

昭和二十七年三月下旬、いよいよ上京することになった。ふたたび郷関を出るに当たって、あまりにも多くの思いが湧き起こり、胸が詰まるのだった。村の有志の方々や小学校の校長はじめ職員と全校生徒が、道路の両側に並んで、歓声を上げて見送る。

深牧氏は、別れの挨拶でこう述べた。

「これまで、占領軍によって日本人は飛ぶことのできなかった日本の空が、ふたたび戻って来たのです。航空再開の見通しがついて、日本人が飛べるようになりました。そのため、私はこれから上京します。今度、皆様にお目にかかれるのは、きっとこの上空からとなりましょう」と。

こうして上京した深牧氏は、大泉学園に居を構えた。だが、息つく間もなく、国家試験が待ちうけていた。受験準備どころではない。最初に受けたのが、『航空無線通信士』である。ふたたび空への復帰を熱望する同志の言うには、今回は制度ができて初めてのことで、それほどシビアなものではない、とのこと。

で、誰しも与《くみ》し易しと取り組んだ入試ではあったが、意に反して、予想外に難問の羅列である。『真空管の構造機能について記せ』『グリッドとフィラメントについて記せ』などと、これまで、すっかり御無沙汰していた分野からの出題に、すっかり兜を脱がざるを得ず、顔色もなく敗退した。

彼は、帰宅する電車の中で、郷里を出る場面を想起していた。あれほど熱狂的な見送り人に挨拶した言葉、「今度、皆様にお目にかかれるのは、きっとこの上空からでしょう」と、断言したことだった。

彼は、一回の失敗で挫《くじ》けるような男ではない。また挫折できない立場にあった。妻子のことを考えれば、眼前が暗くなるばかりである。彼は、猛然と立ち上がった。神田にある無線大学へ入って勉強した。もちろん、夜間に学校での勉強は初めてである。彼は、いつも最前列の席を占めて講師に向かっていた。一言たりとも聞き洩らすまい、と身構えていた。

こうして二ヵ月近く、猛勉強を続けたのである。夜、遅く帰宅するが、けなげにも長男（九歳）が、大泉学園駅に迎えに出ている。いつも、最後尾の車輌から降りてくる父、深牧氏を、長男は怪訝な眼で追うのだった。

長男は、帰宅後、母上に言った。「お父さんは、頭が変になったようだ……」と。さにあらず、あまりの猛勉強で、上の空に独り言を吐いていたらしい、とは深牧夫人の補足説明である。

二回目の受験には、上々の成績で合格した。次は、技術試験が待っている。戦闘機の名パイロットでも、ヘリコプターは勝手が違う。本来は、回転翼機の理論を学習し、基本操縦訓練をすませて、国家試験に臨むべきであるが、そのような余裕と好機はない。

この頃の深牧氏は、日本ヘリコプター輸送株式会社の前身である興民運輸株式会社（社長、中野勝義氏、常務は津川秀雄氏）にあり、臨時ヘリポートの申請準備などの作業をしていた。興民運輸（株）は、ハイヤーやタクシー業を営んでいたが、ここは、居心地の良い場所だった。全国各地から、かつての空の勇士たちが集まって来て、歓談の溜まり場となっていたのである。

興民運輸に入社した当初のことである。『本俸二千円を支給する』の辞令をもらった深牧氏は、びっくりして、総務部長に質《ただ》してみた。「一桁《ひとけた》違ってはいませんか……」と。深牧氏にしてみれば、彼が予想した額との差が、あまりにもかけ離れていたようだ。製米工場当時が、恵まれ過ぎていたせいであろうか。

ともあれ、その当時と現在のはなはだしいギャップに唖然としたのであった。けれども、空に生きようとする高邁《こうまい》な心情は、給与の多寡《たか》によって屈曲するほど脆弱なものではなかった。

昭和二十八年一月三日、深牧氏は、読売の玉川飛行場で、加賀要助氏と共に初めてヘリコプターに体験同乗した。このとき、ベル社のテスト・パイロットであるスタンス・ベリー氏が教官として、岡嘉吉、神田好武の両氏の操縦訓練をしていたのであった。

次の飛行は、日華ゴム株式会社（石橋正一郎社長）の宣伝飛行で、相模川の河口から箱根を越えて三島、静岡を経て大阪まで飛んだときだった。機長は岡嘉吉氏で、深牧氏は訓練を兼ねて同乗した。大阪で時間チェックがあり、この機会に操縦桿をダブルにして、初めてホバリングを体験した。当初は誰しも戸惑うが、深牧氏は四十分の訓練でホバリングの要領を会得し、おおむねセットする技倆となった。

その後ベル四七式Ｄ１型二機のうち、一機を訓練機とすることで、深牧氏の訓練もようやく軌道にのり、有働試験官による実技試験で目出たく合格したのである。試験飛行時間は、六時間二十三分であった。

この僅少な飛行時間による合格は、本人の卓越した先天的資質によるものとはいえ、現今の訓練時間に対比し、ただただ隔世の感を抱かざるを得ない。

深牧氏の操縦訓練は、正規の計画によるものではなかった。オートローティションにしても、スタンス・ベリーが実施しているのを見ていて、その要領を聞き、自学自習して修得したと言う。

やがて彼は、三百フィート上空でのホバリングから、地上に画いた直径十五メートルの円内に、すんなり着陸できるまでになっていた。

ヘリコプター使用事業用の免許は、二十八年五月に取得し、相次いで七月には教育証明の免許を取得した。教育証明のための訓練時間は、わずかに三十分足らずだった。

昭和二十八年七月、いよいよ使用事業の飛行に乗り出した。中部電力（株）による送電線敷設のためのルート調査飛行である。これについては、地勢調査の項で本人の記述によるものを後述再録することにする。

いずれにしても、ヘリコプターの出現は、航空界の寵児として、三次元空間の世界を思う存分に活用し得るもっとも手取り早く、もっとも効率的なものとして脚光を浴びる存在だった。

だが、ヘリコプターの理論も基本操縦の術技にも、徹底した教育に恵まれなかった深牧氏にとっては、至難きわまる環境で飛行する各種の作業は、その一つ一つが自ら修得した新しい肌で感じ取った貴重な体験であり、大きな財産となって積み重ねられるのである。

中部電力（株）のルート・チェックのあと、引きつづいて北海道電力（株）のルート・チェックがあり、宇都宮をはじめ、途中十一ヵ所に着陸して目的地の旭川に着く。その間、長万部から丘珠に向かって飛行中のことである。

視程不良のため、止むなく雲中を上昇して、ついに雲上飛行となる。敷きつめた雲海の上で、深牧氏は位置不明のまましばらく飛ぶ。

だが、戸惑うことはなく、針路零度で飛行続行。案のじょう遥か前方に海面が現われた。そのあたりは、少しく雲の切れ間がある。

その切れ目から、ヘリコプターは一気に海面に向かって高度を下げてゆく。海面すれすれで針路を百八十度に反転し、南に向かってしばらく飛ぶと、小樽市が見えて来た。あとは大丈夫。石狩川に沿って遡上し、無事、丘珠空港に着陸した。北海道では、七月下旬から八月上旬まで、電力会社のルート・チェック飛行を実施した。

北海道から帰京すると、新しい仕事が待っていた。宣伝飛行である。ヘリコプターは、まさに時代の寵児となって、産業各界からの依頼に応えるのに大童《おおわらわ》であった。

毎日の酒攻め

これらの詳細については、深牧氏自身が『ヘリコプターは翔ぶ』（昭和五十八年六月一日、鳳文書林出版販売〈株〉刊）に記述した項目から、抜粋して紹介することにする。

宣伝飛行では森永製菓、ヤンマーディーゼル、サンスター歯磨その他、つぎつぎと沢山のスポンサーの方から利用してもらったが、全国巡りともなれば、準備もなかなか大変である。スケジュールも一日一県くらいに、一日の飛行時間がおおむね四時間で、二十五時間飛行ごとに一日は機体の整備点検に当て、割合余裕のあるものであった。

したがって、ひとたび出かけると、かなり長期の出張にもなった。昼間の行事は県庁所在地をはじめ、近郊の大都市二、ないし三ヵ所でアトラクション、青空教室、体験飛行などを実施した。

宿泊には、大抵その土地の一流旅館が当てられたが、夜は地元有志や代理店の方々といったメンバーで型のごとく宴会が催された。

招待して下さる方々は、毎日入れ替わりたち替わりであるが、主翼であるこちらは毎晩変わりばえせぬ同じ顔で、女房役の整備士と二人である。どこの土地へ行っても、ほとんど似たりよったりの繰り返しの宴会が、毎晩毎晩、延々と続いた。

はじめのうちは、未知の風土に接し、その土地の名物をご馳走になるやら、大変なもてなしに、すっかり満足したり恐縮したり、何とまあ楽しい旅かと思ったものだが、同じことが一週間も続くと次第に飽きてしまった。

今思えば大変贅沢な不平ではあるが、十日、二十日と過ぎると、つくづく嫌になって、一日でもいいから酒のない国へ行きたい、と冗談でなく、本当に思ったりしたことがあった。

ビルの屋上着陸

今ではとうてい考えられないようないろいろの思い出がある。ビルの屋上にもずいぶんと降りてみた。都内では日本橋の三越本店、上野の松坂屋、大手町産経ビルの屋上など数えるときりがない。

二十八年の秋から全日空でも定期便が開設され、幹線には郵便機も飛ぶようになった。その頃は速達便の量も今とは比較にならぬくらい少量で、道路ももちろん、今のハイウェイなどない時代であるから、羽田空港まで行くのに、自動車で一時間以上かかった。

郵便物をより早く空港へ送り込もうということもあったが、郵政省と会社の双方の宣伝をかねて、中央郵便局の屋上から羽田まで、ヘリコプターを飛ばしたこともあった。

ご存知のように、中央郵便局はコの字型の建物で、着陸する場所は四階の屋上にあたり、周囲はそのうえ、さらに三階とあって東西と北側の三方を囲まれ、南側は東京ビルの建物が迫り、ちょうど擂鉢の底にあたる部分に降りるような格好になり、北側、つまり丸の内口の一方向に限定された。

したがって、離着陸にはずいぶん神経を使い、骨がおれたものである。もっとも今のヘリとは性能も劣り、比べものにはならないが、ヘリのパイロットもわずか数人しかいなかった頃で、今は亡き、針ヶ谷君が一度着陸した以外、結局は私の専属のような具合になった。

ヘリの両側にネットを取りつけ、その上に郵便行嚢をくくり、ジャンプ一番いっ気に、数十メートル飛び上がり、やっとこさで建物を越え、次の瞬間、ほとんど失速直前の状態から、東京駅前広場の並木すれすれに思い切り機首を突っ込むので、たまたまそんな折、地上に居合わせた人は、さぞびっくりされたことだろう。

このようにして、辛うじて速度を獲得しながら郵便物運びをやったが、本当に一回一回がスリル満点でもあった。

保守、革新両党の板挟み

今だから言っても差し支えはあるまい。去る年の衆議院選挙に、前半は今は故人となられた緒方(竹虎)さんのお供で関西、四国方面を巡った。ちょうどその折は鳩山(一郎)さんが脱党して自由党を作った時でもあって、その頃のちょっと流行語ともなったが、出たり入ったりまた出たり、ともっぱら鳩山さん攻撃を各地の会場で盛んにうちあげ、あるいは革新政党攻撃がかなりきびしかった。

人間は、まことに妙なもので、毎日同じことをくりかえし聞いていると、朱に交われば……の言葉のように、いつの間にか、それがそっくりそのまま事実のような錯覚に陥るものである。

この任を終わって東京に帰ったら、今度は意外にも社会党のお声がかりで関東巡りをやることになった。さっそく、翌日から浅沼(稲次郎)さんのお供をして、第一日は水戸、宇都宮へ飛んだ。今度はガラリと空気もかわり、事ごとに保守政党の攻撃である。昨日の敵は今日の友、まことに奇異の感じが交錯した。

その頃は、自動車でも走りながら放送することは禁止されていた時代であったが、空から低空飛行で拡声器のボリュームをいっぱい上げ、例のガラガラ声でがなりたてたからたまらない。

空中放送もまだめずらしい頃であり、道行く人も足を止めて、ひとしく空を見上げていた。帰京して一週間ほどたった頃、むろん選挙はとうに終わっていた。警視庁から、選挙違反の疑いあり、参考人として某日出頭せよ、と通知を受けた。

さては、空中放送の件でさっそくお呼び出しかとピーンと来たので、とりあえず浅沼さんへ電話して、どう答えたらよろしいか、指示を仰ぐことにした。秘書を通じてであるが、何が何でも最後まで知らぬ存ぜぬで押し通せ、との御返事であった。

再度呼び出されて、飛行記録も飛行実施表も、すべて証拠書類として押収された。さんざんな目にあったが、言われた通り知らぬ存ぜぬの一点張りで押し通したものの、何ともいやなあと味はいつまでも残っていた。

そのあとで浅沼さんに話したら、「勝てば官軍だよ」と至極当然のように言われたのが強烈な印象として耳朶《じだ》に残った。そもそも明るく正しい選挙とは、一体、何をさしていうのであろうか。

私は何党にも特別の関心もないが、選挙のたびに、今でも妙に思い出される。その後一年ほど経ってから、書類は返って来た。それでも、その頃の政治家では、前記の緒方、浅沼さんをはじめ、河野（一郎）さんにもいろいろとお世話になったが、今の先生方に比べると、何となくスケールが大きく、頼り甲斐があったような気がして懐かしく思い出される。

ついでに、選挙にかかわるヘリコプターの利用について、次のような飛行が行なわれた。それは、浜松町の森永製菓本社近くでのこと。

まず、ヘリコプターが空中に煙幕を展張することから始まる。その展張された煙幕に、地上から『センキョ』などと、大きな文字を投影して煙幕に映し出す、という手法である。これには、スライド式のフィルターを変えて、各種の色彩で映し出したりする。この作業は、雲の絨毯《じゅうたん》のように、白色の発煙筒をむらのないように展張させることが望まれた。

空中からの熊狩り

ニッカウイスキーというより、髭《ひげ》のニッカで有名な竹鶴社長から、ヘリコプターで空から熊撃ちをやろうという話があって、ある年の三月末、雪の北海道へ飛んだ。余市の同社のウイスキー工場の中庭に着陸した。

その日は打ち合わせや準備に終わり、早々に休養して翌日早朝に出かけることになった。雪解けの間の草木の芽を求めて、冬ごもりの熊が穴から出て来るのを射止めようというのである。猟銃二梃と、射止めてからの目印とするための標旗を積み込んで、勇躍飛び出して行った。

山肌すれすれに、あちこちと山を渡り、燃料ぎりぎりまで飛び回ったが、さっぱり目指す獲物の姿は見当たらなかった。

燃料を補給して、二回目は反対側の山ひだを探して飛んだが、途中から急に激しい吹雪に見舞われて、視界がきかず、おまけに両側のドアーをはずしているので、寒さは寒し、止むを得ず断念して基地に引き返し、待機することにした。

ちょうどその時、千歳飛行場の保安事務所から電話が来た。今朝の北海道新聞に、空から熊撃ちの記事がのっているが、もし事実であれば、爆発物等の危険品搭載禁止事項に抵触し、法規違反になるから中止するように伝えて来た。

この旨を社長に話すと、せっかくやりかけたから、何としても目的を達するまでは続けたいと、その気持はわかり過ぎるくらいであるが、社長はワンマンもすこぶる付きの方で、いったん言い出したら、ちょっとやそっとで後に引きさがるような人ではない。

私は法規違反と商売と、双方の板ばさみに合って困り抜いたが、結局は社長に了解してもらって中止した。そんなことから、監督官庁でも危険物の搭載現場を確認していないからという理由で、どうにか無罪放免になってほっとした。

後で新聞を見て驚いたことは、社長がご自慢の髭をピーンとなで上げ、猟銃を握り、得意満面のポーズでヘリに乗った姿が写真入りで大きく出ていたのには、さすがに唖然となった。

ネット吊り宣伝飛行の由来

ヘリコプターにぶら下げたネットに、『キンシ正宗』などと、文字を書いて飛ぶ宣伝飛行が一時流行した。一見何の変哲もない平易な飛行のように見えるが、このネット吊りも、いざ本番の営業飛行へこぎつけるまでには、いろいろと研究苦心もあったが、そもそものはじまりは——。

日ペリ航空創設当時の塩崎町のヘリポートは、東京都からの借用地であったので、契約書には当然、借用面積も明記してあっただろうが、ヘリポートとして使用できるところはごく狭い地域で、実際は残土や瓦礫《がれき》を埋めたてというより、捨てたばかりのまだ整地されていないところが多かった。したがって離着陸する場所も、直径十五メートルの円を画いた一ヵ所だけであった。

瓦礫や残土の廃棄物が、トラックで運び込まれるにしたがって、着陸帯も拡張されるような始末であった。ヘリポートの北側は木場の掘割で、ここは筏を曳行するポンポン船がときおり往来し、貯木場でもあり、川には大小さまざまの木材が浮かんでいた。

対岸にはパラダイスの桃源郷があった。土手の上から、つり竿をおろすと、素人にも面白いほど、ダボハゼが釣れて、まことに長閑《のどか》な場末の風景であった。

訓練飛行もホバリングくらいは、このヘリポートで実施したが、おおかた夢の島に行ってやるようになった。〝夢の島〟とは誰が名づけたか知らないが、その頃は名前のように夢があった。現在の俗化した〝夢の島〟と異なり、島一帯に葦や芒《すすき》が繁茂し、草のないところも点在したが、この部分が雨の後は、ちょっと水がたまり、日が射すとすぐさま乾燥した。

元来、砂地のため、地面がしまっていて、ここが格好のオートローテイーション着陸の場所になり、島全体が最適の訓練場であった。干潮時はあさり貝や蛤《はまぐり》が沢山とれたので、休日などには貝掘りも結構楽しめた。水際には鴎や真鴨、野鴨が群れをなして集まり、さながら水鳥の楽園でもあった。

その頃は、毎日この島へ訓練飛行に通ったが、周辺の水ぎわに何百羽という鴎の群れが乱舞し、時には飛行の（当日の風向きによっては）邪魔になるくらい沢山いた。

ふだんは、水に浮かんでいるが、何かのはずみに、いっせいに飛び立つさまは、まことに壮観であった。いったん舞い上がっても、しばらくすると全部、また水面におりて、すぐさまもとの静けさにかえる。数百羽の鴨がポカポカと水に浮かび、気持よさそうに日なたぼっこをしている姿は、何とものどかな風物詩であった。

ある日のこと、ちょっといたずら気を起こし、この鴨の群れの上を低空飛行したら、先を競っていっせいに飛び立った中の一羽が、メーンローターにぶつかって落ちた瞬間、前面のバーブル（風防）に返り血がバッととび散った。

アッいけない。さっそく浜に着陸してローターを点検したが、幸いにも異状がないのでホッと胸を撫でおろしたものの、何とまあ残酷なことをしたろうかと、妙にうしろめたさが湧いた。

二度とこんな、ふびんなことをしまいと思う一方、何とかしてうまく生けどる術はないかと考えた。ヘリポートで、いい方法はなかろうかと話しているうちに、野球のバックネットをぶら下げて飛んだら、ということになった。

これぞまさに一網打尽。さっそく隣接の野球場からネットを借用してきた。また、物干竿のような竹竿を買って来て、ネットの上下に、この青竹を横に通し、ヘリに吊り下げるようにした。下側の両端には砂袋のおもりをつけ、この部分から両側にロープを取りつけた。その端を座席にまわし、同乗の江口君（後、全日空モーターサービスの社長）がロープの端を持って、ネットの角度の調製をする。

鴨の群れに向かって進入する前に、このネットがなるべく垂直に、ふくらみをもつように調節するように打ち合わせて、夢の島に向かった。

目標は、目の前に無数に浮かんでいた。高度二〜三十メートルから機首を下げる。速度を出して水面の鴨を目ざし、いよいよオンコース、さらに増速して獲物に接近する。

いざこれからという時に、突然、江口君がロープを持ちこたえ切れず、これ以上速度を出すなら、手を放すぞとおどしをかける。手を放されては一大事、ネットが、もろにテールに巻きつくことは必定。今度は、こっちがびっくりして急に速度をおとす。そのうちに鴨は全部飛び立ち、まんまと失敗に終わった。

せっかくいいところまで来て、ここで止めてはという気があるので、もう一度やろうよ、と言うが、江口君は、「もういやだ。こんなことをしていたら、俺の手が切れる」と言って、頑として拒絶する。やむなく未練を残して、ヘリポートに引き上げた。

その時、ネットを吊って飛んでいる光景を、川端さん（後、共立航空社長）が見て、あのネットに文字を書いて飛んだら、いい宣伝になるよ、と言われたことがきっかけで、さっそく漁具を売る店から、より糸の太いのを買って来て、テニスのネットくらいの大きさのものを自家作製し、これに文字を縫いつけたのがそもそもの始まりになった。それから何年か、ネット吊りの宣伝飛行が続いたわけである。

後では、上原（後、関西国際空港ビル取締役）がネットの周囲に、豆電球を取りつけた夜間の宣伝飛行まで考案した。空飛ぶイルミネーションとかいうタイトルで、新聞写真にも出たことがあった。

もっとも長時間のネット吊りでは、サンスター歯磨きの宣伝で、連続一週間くらい（営業、上原君担当）実施した。

神戸を振り出しに東京まで、東海道を東へ、地上のキャラバン隊の宣伝カーの速度に合わせて、空中と地上から空陸一帯の宣伝飛行を実行した。

この飛行でもっとも苦労したのは、大阪、名古屋などの都市にはいると、いたるところにゴーストップがあって、このゴーストップの交差点上空では、地上の車が止まれば、こちらも同様に高度五〜六百フィートの低高度で空中停止した。

信号待ちした時間が長く、かつ多かったこと、時には追い風が強くて、地上の車の方向と反対に向かってホバリングをしたり、キャラバン隊の車が一回の信号で全部が渡り切れず、バラバラになるので、全車が揃うまでの低速飛行など。また、個々の着陸場における思い出は尽きない。

ある年の夏、両国の川開き、恒例の花火大会の折、ネットを吊って飛行した。川岸に、しつらえた桟敷は、もとより橋の上も両岸も人々々。数十万の観衆が見上げる中を、これ見よがしに、隅田川の上空に飛んでいった。

たまたま、その数日前まで森永製菓の宣伝飛行をかなり長い期間やった後だったので、てっきり、自分の店の宣伝と思い込んだ森永のある宣伝マンが、「ネットを吊った森永のヘリコプターが今、向こうからこちらへ飛んできます。だんだん近づいて来ました。上空をご覧下さい」と、桟敷の招待客に説明した。

一同が見上げているところへ、前記の「キンシ正宗」のネットの文字をぶら下げて行ったので、当人にすれば顔色なし。後で本人から直接聞いた話であるが、「お陰で、あの時は大恥をかきました」と、くやまれ、えらい気の毒な思いをした。今は、ネット吊りもなく、あれもこれも、遠い昔の出来ごとになった。

第四章　ヘリコ野郎

若き日の深牧氏

初めての風の神

映画界にはじめて、ヘリコプターを導入したのは、大映の衣笠貞之助監督の往年の剣劇俳優、故大河内伝次郎氏主演による〝雪の夜の決闘〟であろう。

ことの起こりは衣笠監督との出合いであるが、その頃（昭和二十九年）、同監督によって、標題のような映画を企画製作中の旨、大阪営業所の中川所長から話があった。

撮影の場所は、京都淀の河原で、嵐の中のチャンバラ劇であった。およそやくざ者映画といえば、主役は縞の合羽に三度笠と相場は決まったようなもので、この映画もご多分に漏れず、肩にかけた縞の合羽の裾を風に靡《なび》かせてのチャンバラ劇であった。裾を靡かせるには、相当の風圧が必要である。風を起こす道具として扇風機の親玉みたいな、片方の羽根の長さが一メートル半もある巨大なものを作って、トラックに積み込み、長いゴムのベルトをかけ、動力でこれを回す仕掛けになっていた。ところが実際には、地形の関係で川の中までトラックが運べず、川べりに据えて使用せざるを得ないはめになり、したがって中洲までの距離が遠くて、ほとんど物の役に立たなかった模様。期待した効果が挙がらず困っているとの話が、そもそものきっかけとなった。そこでヘリを使ったらどうだろうという話になった。

風を起こすには、これほど効果のあるものはほかになく、成果はまずまず疑いなし、所望の地点上空で空中停止をやり、前後左右はもとより、風の強弱はヘリの位置を上下することによって、どのようにも修正がきき、監督の意志は指一本の指示によってオーケー、きっとうまくやれるから、この際だまされたつもりで使われたらと、半ば強要の形で実施に踏み切った。

飛行時間は空輪を含めて一時間、料金は六万円也ということで、話が決まった。ご存じのようにヘリは速度が遅いことも、ある意味では特徴であるが、東京からわざわざ空輸したのでは四時間ぐらいかかるが、その頃都合よく大阪近郊で別の仕事があり、それをうまく利用して伊丹空港から飛び立った。

その時の朝日新聞に、空から風起こし、ひと風六万円という記事がのっていた。予想通り効果は百パーセント。このことで、一躍ヘリが映画界で脚光を浴びることになるが、引き続いて同監督の作品には、つぎつぎに協力というより、使ってもらうことになった。

〝お富士さん〟に協力して

第二作は、日本一の美女と宣伝された山本富士子。デビュー当時の「川のある下町のはなし」これには、後で述べるようにいささか厄介な経緯がある。

前半は風の強いある日、王子付近の小川の崖の楠の大木にはさまれた狭い空間に、やや追い風気味で（飛行機でもヘリでもそうであるが、離着陸や速度を落とした時に向かい風で飛ぶのは易いが、追い風ではなかなか困難で、特にヘリの場合、追い風でホバリングを持続することは、かなりむずかしい）、五十分くらい一点停止をし、油汗を流して頑張ったことを思いだす。

その次のシーンは、田端の墓地の近くで撮影。これまでは、いずれも上空からの風おこしが目的であった。

数日、間をおいて、今度は下谷の郵便局（この建物はその後解体されて、後に京成百貨店が建っている）の屋上で、お富士さんが立っているその後方から、ヘリが飛んで来るシーンである。

問題というのは、この時に生起した。上野の下谷郵便局界隈は、ビルが立ちならび、超低空飛行をしなければ、ヘリと屋上の人物が同時にアングルに入らない。

航空法では、「航空機が有視界飛行方式により、人または家屋の密集している地域の上空にあっては、当該航空機を中心として水平距離六百メートルの範囲内のもっとも高い障害物の上端から三百メートルの高度をとらなければならない」と定められている。

それ以下の高度で飛ぶ場合は、別に定められた様式にしたがって、低空すべき理由、日時、場所等を、詳細、具体的に記入した書類を事前に提出して、運輸大臣の許可を受けなければならない。

そこで、この低空許可の高度であるが、万一エンジンに故障を起こしても、その周辺に滑り込めるだけの、つまり着陸可能な場所があるかどうかによって決まり、安全確保の見地から地形物等を対象に許可されるのであって、当時、都内では大体六百フイートくらいが限度で、これは航空人にとっては常識になっている。

ところが、前記の撮影では、ビルの屋上と同高度であるから、ビルの谷間を通路沿いに飛ぶほかなく、どう考えても許可がおりる見込みはない。したがって、申請書には一応二百メートルで許可を受け、実際は一ないし二回、内緒で超低空でいこうということで話がまとまり、とりあえず一回テストをやることにした。

運輸次官のお目玉

監督が屋上でカメラを狙い、速度、進入角度の修正を指示するとの約束で、ビルの谷間を建物とスレスレに飛行した。ところが、一回、二回と飛んでも、なかなかオーケーのサインが出ない。

こちらも良心はとがめるし、故障でも起こしては、という心理的な影響もあって、多少いらいらしながら、四ないし五回やり直しを重ねたあげく、やっとオーケーが出たので、洲崎の東京ヘリポートに帰って着陸した。

事務所に入って監督に電話を入れようとしたら、航空局から電話である。

運航の監督指導に当たるのは、航空局航務課の担当であるが、課長からじきじきの電話で、困った、困ったの連発。一体、何がそんなにお困りですかと、しらばくれて問い返したら、今、君の会社で上野を飛んだヘリはないかとのこと。「じつはこれこれで、私が飛びましたが、今のはテストで、本番はこれからやります」と言った途端、その飛行はまかりならん、ただちに局に出頭せよ、ということである。

郵便局の屋上で待っている監督に、しかじかの旨を伝えて航空局へ出頭した。航空局のお偉ら方が集まって何やら話しているのが、どうもただごとではなさそうである。聞けば超低空飛行の現場を、たまたま通行中の次官に目撃されて、あまりにも超低空をやるので、車を止めてしばらく見ておられた由。

さっそく局長に注意があり、局長から部長へ、部長から課長へという次第。そのうえこれから本番をやろうとは、けしからぬというわけである。

人間、どこにいても悪いことはできぬものだ、とつくづく思いながら、衣笠監督に、これこれの理由で中止せざるを得ない旨連絡したら、即座に監督曰く、それは困る、多額の費用をかけて、ここまで作った映画が駄目になるから、何とかもう一回だけ飛んでくれと言う。「違反して飛べば、僕が首になる」といえば、首になってもいいから、飛んでくれと言う。

そうなれば僕は飯の喰いあげだし、何と返事しようかと迷っていると、続けていわく、首になったら、今後の生活の保障は責任を持つと言う。そうまで言われれば、やらぬわけにもいかず、多少の男気も手伝って、よしそれなら首をかけてやろうと決心した。

航空局の方には免状は返上するから、一度だけやらして下さい、と懇願した。駄目だ、いや、やらしてくれの繰り返しで、なかなか埒《らち》はあかない。次第に時間は経過する。そのうちに、監督からはまだか、と催促が来る始末。

ほとほとに困り抜き、しつこく願い出たが、この局と交渉中、中野常務（後の副社長）も、ことの成りゆきを心配されて、例のガラガラ声を細めて、うまく収まりそうか、と問い合わせの電話があった。

さらにその次の電話では、なるべく下手に出て頭を下げてお願いしろよ、あまり高飛車に出るなよ、と言われたくらいだから、本社でもどれほど気をつかってもらっているかわかったが、その時はこちらはもう肚《はら》を決めていたから、気分は幾らか楽になっていた。

ねばっているうちに、それでは条件付きで一回だけ認めようと折れてもらった。その条件とは、郵便局の屋上に係官を派遣して立ち合わせる。ただし、このことはあくまで許可ではなく、一回だけ目をつぶろうと言う。こうしたやりとりの後、やっと本番を飛ぶことになった。

ええクソもう一度

係官二名立ち会いのうえで、再度飛行をはじめたが、テストは朝であったのに、その時は午後四時近くなってしまい、風向も逆になり、一回でオーケーとはいかぬ。ええこうなったら、一回、目をつぶってもらうも、二回つぶってもらうも五十歩百歩じゃないか、後でいざこざ言うなら、免状さえ返上すればいいではないかと肚を決めて飛び続けた。そのために映画は、所期の目的通り出来上がった。

航空局の恩情（?）ある計らいで、幸いに首にもならず、お陰で今日まで命ながらえて操縦桿を握っているが、こうした経緯の直後、当時の美土路社長と私は、個々に航空局長名で航空法違反についての厳重なる警告書を頂戴した。

今もその書類を時々ながめ、当時を回顧しながら、直情径行な自分を戒しめ、かつ深々反省している次第である。

その後は、東映の片岡千恵蔵主演シリーズものをはじめ、日活、筑波久子デビューものに、あるいは松竹映画に、またある年の夏は日本海の孤島、舳倉島に渡り、坂本武、中村是好、佐竹明雄氏らとバラックに同宿、ランプの灯りで一升びんをかたむけ、三ないし四泊過ごしたあれこれなど、単に機上からの撮影だけでなく、時々はスターと同じ服装で替え玉になったり、数十本の映画に関係したもろもろのことが、時の流れと共にはるかな思い出として去来する。

地勢調査

実施年月日＝自昭和二十八年七月十二日至同月二十四日（中部電力借上）

電力会社にとって、送電用の鉄塔建設の適否は、多額の資金を要するので、なかなか大変な事業と思われる。単に経費節約の面から見た場合の素人の考えであるが、ダム建設地から所望の場所へ最短距離のルートというのが、もっとも得策と思うが、それにはもろもろの事象が生じて、おいそれと簡単にいかないのが実情のようであり、そのために何かと厄介なことがおきるそうである。

今、仮にA発電所からB地点に向かって送電用の鉄塔を建設するとしたら、大縮尺の地図に予定ルートを設定し、それにもとづいて実地踏査を行ない、地形、地質、工事の難易などあらゆる角度から詳細に調査を行ない、適地を決めるのが一般のやりかたのようである。

この仕事は平坦なところでは、ジープや他の乗りものの利用も可能であり、また、てくてく歩いても、たいした困難もなかろうが、山岳地帯であれば、そう簡単にゆくものではない。

めったに人が踏み込んだこともない重畳積層の峻険を越え、あるいは千仞の幽谷を渡りの連続では、地上からの調査は、想像しただけでも気が遠くなるような大変困難な作業に違いない。それに距離が遠ければ遠いほど、また山容が急峻であればあるほど、いっそう困難な計り知れないものがあろう。

永年この仕事を専業として取り組んでこられた人々の前に、突然ヘリコプターなるものが現われたとき、この人たちの目にはヘリコプターが果たしていかに映ったであろうか。もちろん、人それぞれ受け取り方の相違はあろうが、明暗こもごもの気持を抱かれた方もあったろうと、感じたものである。

全日空がまだ「日ぺリ航空」と称していた頃、昭和二十八年の七月、中部電力の要請で、岐阜市の東方三十キロの川辺地区を基地へリポートとして、国鉄高山線に沿った小坂という集落まで六十キロの間、東に乗鞍岳まで空中から調査飛行を実施したが、この時が、ヘリコプターによる地勢調査飛行としては初めてのこころみであったろう。

地勢調査の実施要領は、まず二十万分の一の地図に予定線を記入して、高度三十ないし百メートルから全般的な地形や山容を眺望し、つぎに五万分の一の地図を使用し、数回にわたって同じコースを反復しながら、ほとんどホバリングに近い速度で、時には完全なホバリングによって、一基一基の建設地点を決めてゆく作業である。

機上から眺めても、地表の細かいところまでわからないので、いずれは地上から踏査することになる。空中と地上では視野が違うので、空から見た地点が地上から行って、果たしてどの地点かを探し出すのは、なかなか困難であろう。

したがって、上空から定めた地点を地上から行って、すぐ判るような目印を、五ないし六十センチくらいの小さな落下傘に、長さ五ないし六メートルの麻紐をつけ、その下に石灰を封筒に入れておもりとした。あるいは、紙風船の下に二メートルくらいの長い小さな竹竿をつけたのを、鉄塔建設の適地に投下したりした。

石灰は、大雨や長雨の際に流れてしまい、目印の効果がなかろうとの異論が出たこともあった。したがって後では、石灰とベニガラを混入したりした。当時としてはずいぶん苦労した。結局、小吹き流しに三ないし四メートルの紐をつけ、その下に砂袋のおもりをつけたものがもっとも多く使用された。

ヘリポートの下見あれこれ(一)

電源開発株式会社より、奥只見ダム建設にともなう飛行依頼がきたのは、晩秋もようやく深まった十月の末であった。

この飛行には、次のような二つの目的が含まれていた。一つは奥只見地方の地勢の調査、もう一つは冬期の交通杜絶による現地越冬者との連絡、特に急患が出た場合の人員輸送、食糧その他物資の運搬などが実際に可能かどうかを、降雪前にテストをかねて冬場に備えようとの試みである。

当時は、ヘリポートの選定と準備については、担当するパイロットが直接現地調査をするのがしきたりであった。

昭和二十八年十一月七日の朝、上野駅発上越線にのった。目的地の小出駅に着いた頃は、四周が山に囲まれているせいもあって、太陽もとっぷり沈み、あたりはようやく暮色がただよっていた。

営業マンを通じて前もって連絡ずみの駅前旅館に着き、さっそく、建設事務所に電話を入れる。

電話の答えは、係の人が不在とのことで、いっこうに要領を得ない。明朝なら、いくら早くても事務所はあいているから、明日にしてくれとの返事であった。翌八日の朝、宿を出て町はずれの事務所へ向かう。電源開発株式会社、奥只見建設事務所と墨痕あざやかに書かれた看板のある建物にたどりつき、S所長を訪ねたのは、七時をわずかに過ぎていた。

ここの所長は一見、大変若々しく、体格も良いなかなかの好男子であった。肌ざわりもおだやかである。私は初対面ながら、十年の知己を得た思いにかられ、親近感と信頼感を抱いた。そして、少しでも長くいて、まったく予備知識のない電源開発の実態を伺いたいと思ったりした。

ただ何分にも多忙な方で、こちらの日程の都合もあり、奥只見が果たして飛行（着陸）可能かどうかを決めるためにも、早く現地入りして状況を確認したい、と申し出た。

ところが、ヘリ使用について、企画を担当した者が、現場に出ていて不在とのこと。そこで小出の基地へリポートを先に決めましょうと言うことで、基地の下見をすることにした。

所長いわく、ヘリはまったく滑走をやらずに、狭いところで離発着をやるのが特長と聞いているので、着陸基地はなるべく事務所の近くにして欲しい。できれば、この庭先はどうか、ここなら私の部屋からも見えるし、万事好都合であるが、と。

面積は二十メートル四方くらいはあっただろうか。何分にも事務所の庭のこと、周囲は建物と立木に囲まれ、とても離着陸できるような情況ではなかった。

もっとも当時としては、ここばかりかどこへ行っても似たようなもので、営業マンの宣伝効果がいささか利きすぎの感もあった。

ヘリといえば、どんな狭い場所からも垂直に上昇し、着陸もまっすぐ降りて来るものとの先入観が強かった。したがって、周囲の障害物や風圧による酷いほこりのことなど、まったく無関心であった。そこで、事務所の裏、北側の水田地帯を案内してもらうことにした。

現地を見た限りでは、稲を刈り取った水田（乾田）以外に着陸できるようなところはなく、田圃はいずれも小さな畦道で区切られている。したがって、ヘリが着陸すれば、一つの田圃は一杯になるような具合で、猫のひたいにも等しいが、幸いなことに周囲に障害物がなく、いずれの風向に対しても、離着陸に支障ないのが唯一の取り得であった。

二〜三十枚ある田圃の中央に、基地ヘリポートを定め、ヘリが飛来の際の準備として、風向標示の吹き流しの位置や、事故防止などについて細部のことをお願いした。

さて、基地へリポートは決定したものの、肝心の奥只見が問題である。果たしてどんなところであろうか。

当時は、奥只見といえば交通の便がきわめて悪く、山奥の大湯温泉まで一日数回通うバスが唯一の交通機関であった。それもひとたび降雪があれば、完全にストップとのこと。このバスもあと何日もつのか、ひと雪あれば、もうそれっきり来春の雪どけまで半年の間、交通は杜絶するという。バスが通うのも、ここしばらくのことらしい。

大湯から先は電源開発（株）のジープが、現地と連絡のため一日二回、不定時に往復する以外には、木炭運搬用のトラックが、降雪を見るまで時折り往来するらしく、このトラックが通うようになったのも、ごく最近という話であった。

ところどころで道路の拡幅工事をやっているが、せっかく拡げた道幅も崖くずれや落石のため、途中何回かは車を止め、土砂を排除して行かねばならぬとのこと。

あれこれ話しを伺っているところへ、今すぐ現地へ定期便のジープが出るとの連絡を受けた。さっそく便乗をお願いした。そうして、ジープの最後部に乗せてもらった。

車はランドローバーの新車であった。朝、早目に訪ねたお陰で、運よく便乗できたし、今月中に仕事を終わり、今晩の夜行で帰京も可能であろうと、幸先きよいスタートに内心、ほっとした。

事務所を出たのは、九時近くであったろうか、定員六名のジープには、すでに五名の先客があり、この人たちはいずれも一様に鉄兜をかぶり、一見ものものしいいでたちである。いわゆる山男とは、この人たちをいうのであろう。

山麓の大湯温泉まではバスが通っているので、悪路ではあるが、道幅はある。この路を物凄いスピードでジープがつっ走るのだ。

乗車前に所長から、ドライバーの腕は超一流と聞いてはいたが、洗濯板のようなでこぼこ道を、ものともせずにぶっ飛ばすので、振動は激しく、砂塵をもうもうと巻き込んで、まともに眼を開け得てはいられない。

どうなることかと思っているうちに、路面の酷く悪いところがあって、対向のバスを待つことにした。そのわずか二ないし三分の時間にやっと手が解放されたのを幸いに、カバンからタオルを取り出し、マスクの代用に口を覆って首すじに巻き、目はサングラスで防塵につとめた。

急カーブやでこぼこのひどいところでは、いつ振り落とされるか油断がならない。幌の枠金を、両手に全身の力をこめて握りしめていた。だが、何度か振り落とされそうになりながら、ようやく耐え抜いて、二時間近くかかって枝折峠に辿りついた。

標高千二百三十メートルのこの峠に立つと、急に眺望が開け、西方を見れば、今辿って来た曲がりくねった一筋の道路と、四方を山々に囲まれた小出平野が一望に見える。南西を仰げば、すぐ目の前に標高二千メートルの駒ヶ岳の山肌が威圧するように聳《そび》えている。

さらに東方に眼を転ずれば、これから訪れる奥只見の嶺々が黒々として幾重にも重なっている。一服してふたたび車上の人となる。

これからは、今までとは逆に下り坂にかかる。飛行機なら、さしずめ機首を下げてダイブに移るところである。谷越え、山越え、一気呵成に目的地に向かって走る。右下に見おろす谷は、その昔、銀山平が銀の採鉱地として殷賑をきわめた頃、行路の死者をこの谷に落として葬ったといい伝えられるところ、通称、骨投沢の急カーブの難所も、あっという間に通りすぎる。

約一時間も走った頃、目ざす工事現場のモザイクのように建ち並ぶ屋根が見えてきた。ほどなく目的地、須原口に到着したのは、お昼近くとなっていた。

やれやれという安堵感と同時に、全身の力がいっぺんに抜けたような思いがした。

さっそく工事事務所に担当者を訪ねた。

ところが、どうだろう、今度は朝、小出を出る時とは逆で、目ざす担当者氏は、今朝の便で小出に向かい不在とのこと。そうだとすると、山腹の途中の待避所で行き会ったジープに乗って、下山されたわけだろうか。当人でなければ皆目話にならず、明日にならねば帰らぬとのこと。こうなっては、まったくとりつくしまもない。せっかくつらい思いでここまでやって来たのに、残念至極というほかはない。そうこうしているうちに十二時半、小出行きの車が出るが、あと一名は乗れるので、帰るなら、今日はこの車以外にはないという。

三時半に小出着予定と聞き、ふたたび先ほどのジープに便乗、帰途につく。相変わらず往行時と同様に猛塵を巻き上げて、ひた走りに今来た道を引き返す。ふたたび同じ恐怖にかられながら、小出基地まで帰って来た。

小出事務所で、やっと担当者W氏に会うことができた。今となっては今朝出発前の淡い期待もどこへやら、とにかく今日はひと通り先方の話を聞いただけで万事を明日に託し、ふたたび駅前旅館に宿泊した。

翌八日の朝、W氏の案内で昨日と同様、またジープの厄介になり、枝折峠の険路を越えて奥只見の工事現場、須原口(現在は湖底となってしまった)をふたたび訪ねた。○○組とか○○建設と書かれた広大な工事現場や飯場が建ち並ぶ一角の適地に、ヘリポートの決定を行なった。

ヘリコプターが飛来した際の危険防止、その他についても手抜かりのないように、一切の準備をお願いして、夕刻のジープで小出基地に帰り、その晩の夜行で帰京した。小出と奥只見間は直距離にしてわずか三十キロの道のりを、結局、往復するはめになった。

二回目の往復は、やぶれかぶれというわけではないが、ええ、もうなるようにしかならぬという半ば諦観の気持で往復したのも事実である。かくて、十一月十四日から十八日まで五日間にわたって雪の越後路を、今は故人となられた浦井君と共に思い出多い調査飛行に従事した。

ヘリポートの下見あれこれ㈡

黒四ダムは、堰堤工法や発電能力など、日本の誇る水力発電所の事業で、近年は観光面でも一躍脚光をあびてきたのは周知のとおりである。この工事計画の進展にともない、着工前の昭和二十九年夏、関西電力の要請で、当時の平井常務（後、東北電力会長）によって、黒部川流域一帯の地勢調査を実施した。

すでに二十年を経過した今では、全日空も年移り人変わって、当時のことを知る人もほとんどなかろう。以下述べることは、例によって飛行実施に先だち、担当パイロットとして行なった現地調査の一端である。

黒部川は、その源を飛騨山系の黒部五郎岳（標高二千九百二十四メートル）に発し、東は日本の屋根と称される北アルプス、鹿島槍の連峰が延々と南北に伸び、西は立山（標高二千九百九十二メートル）や薬師ヶ岳の峻険に囲まれた峡谷である。

われわれヘリパイにとっては今でも、この地方一帯の飛行といえば難所のひとつである。河口をさかのぼること六十キロの山峡、平小屋と称する標高千三百八十三メートルの地点で、しかも川の中州以外に適当な場所を得られぬところで、果たしてヘリの着陸が可能かどうかを決めるための現地踏査を行なった。

昭和二十九年七月十一日、羽田発定期便にて大阪に飛び、ただちに関西電力本社を訪れた。挨拶と所要の打ち合わせのためである。

その前年、電源開発の依頼で、奥只見の現地調査をした際、連絡の不備から二重の苦労をしたにがい経験を思い出し、今回はそういうことがないように、関東本社から現地支店の方へ、連絡については特に配慮をお願いして、富山県下の宇奈月に向かった。

夕方、予定の時刻通り宇奈月駅に到着した。関電宇奈月支店の方の出迎えをうけて旅館に直行した。

ここは、はじめて訪れた土地であるが、その前年の三月二十三日から二十九日の一週間にわたり、同じ関西電力の依頼によって同県下の福光市を根拠地として、山中、敦賀、三木（兵庫県）、枚方、阪神間の送電線のパトロールと地勢調査（飛行時間二十五時間）を実施した経験があり、その際お目にかかった顔なじみの方も見えていた。したがって、お互いに多少は気心もわかっていたため、心理的には幾分、楽に思われた。

旅館には関電から五人見えたので、さっそくヘリポート設置について、地図を展《ひろ》げて研究討議にかかった。そのとき、このルートは途中数ヵ所に相当な難所があること、吊り橋を渡るのが何ヵ所とか、川べりの岩盤に吊るした丸太棒の箇所がどれくらいあろうかなどが話題になった。

聞いていても、何となく奥歯にものがはさまったようないいまわしである。この点をよく確かめると、この中には、実際にこのルートを通って、目的地の平小屋まで行った人はいないとのことである。

以前は、みんな宇奈月から出発したが、最近は道路がよくなり、ジープで立山越えが可能になったため、ほとんどの人がそちらを往復するとのことであった。ジープで立山越えをすれば、まったく歩かずにすむそうである。

しかるに今回、なぜこのルートを選んだかといえば、宇奈月の町から黒部川沿いに南へ十八キロの「けやきだいら」まで、関西電力黒部鉄道という専用線が延び、この終点からさらに南方四キロの地点に、千人平というところがある。黒部川に面した崖で、中腹が段になり、ちょっとした広場ができている。

以前はここに宿舎が建っていたが、数年前の台風で家もろとも川底に吹き落とされ、夜半の出来ごととて、数十名の犠牲者が出た跡だと聞かされた。今も建物のあった場所には、コンクリートの土台や床だけが残って、当時の悲惨な面影をとどめていた。

ここは、今回のダム建設予定地のちょうど中間にあたるところで、天候の急変、その他緊急の際にヘリポートとして使えるかどうか、ついでに見ておいて欲しいということであった。

旅館での打ち合わせの際聞いたことを、二、三、参考までに記しておこう。まず履物について、履物は地下足袋に限ること。革靴は滑るので危険。したがって、東京から履いていったものは旅館にあずけ、さっそく、先方で足に合わせて準備してもらった。

むかし地下足袋をはいた経験はあるが、ここで用いるのは普通の品ではなく、トビ職人の使っている底ゴムのうすい、足首の上までコハゼの沢山ついたもので、ズボンの裾の上からコハゼをかけるようになった足袋であった。

次に手は、ものにつかまる場合が多く、したがって荷物は一切手に持たぬこと。また、雨に合っても、傘の使用は不可能で、そのためにレインコートの準備をして携行すること。

ちょうど、日露戦争の写真で見る兵隊のように、コートをくるくる巻いて肩からなめにかけられるように準備したが、現実には案内人が持ってくれた。

道案内と身辺の警護、さらに携行品といっても手提カバン一つであったが、運搬のため案内人（この人たちをここでは強力《ごうりき》と言った）を二人つけるということであった。

道中は常時、この二人が前後を守ってくれるから、二人の言うことに従い、行動してもらいたいなどと、こまごまと注意があった。そのあと、やがて年齢三十歳くらいの屈強な人を二人、紹介された。関電の人は、明日から行動の一切をこの人たちに頼んで帰っていった。

私は元来、山国育ちで、子供の頃から歩くことには絶対の自信を持っていたつもりが、ここへ来ていろいろな話や注意を聞いて、次第にこの自信もあやしくなって来た。

明日からの二日間、山道といっても、たかが二十キロくらい歩くのに、道案内かと気軽に思っていたのだが、身辺の警護までしてもらうとは想像もしなかっただけに、何か奇妙な気持で寝についた。

翌朝は、早ばやと関電の人が見送りに見えた。ここ宇奈月から関電専用の黒部鉄道に乗った（今から二十年も前のこととて、乗車時間はどれだけかかったか、はっきりとした記憶がない）列車は、小型の貨車を二輌連結したようなもので、ほかに四、五名の乗客があった。

車上から見る川の左右は、空高く伸びきった樹々の梢、そそり立つ両岸の奇岩、絶壁あるいは脚下の岩をはむ急流、さながら一幅の山水の絵を想う。同時にマッチ箱のようなこのミニカーがあえぎ走る光景は、まさにポパイの漫画を見る心地がして、いよいよ別世界に行くような気分に浸った。

三十分もかかったろうか、ほどなく終点の「けやきだいら」駅に到着した（この間十六キロ）。ここでエレベーターに乗り換えた。このエレベーターがまた、天下一品のしろものであった。

長い時間乗ると聞いていたので、上昇時間を計ったら、ちょうど二分を要した。上昇速度は、霞ヶ関ビルのものほどのスピードはないが、前に全日空の本社があった飛行館のように、息たえだえというようなものではなく、かなり早いスピードで昇っていった。その時の二分間は、ずいぶん長かったように思う。

エレベーターといえば、通常都会のビルのそれを想像するが、ここのエレベーターは四角い板囲い梱包箱同然で、一口にいえばコンテナーの中に閉じ込められた恰好である。エレベーターを降りる際、耳に気圧の変化を感じたくらいだから、相当に早く昇ったのだろう。

エレベーターを出ると、そこにトロッコが待っていた。今度はトロッコに乗った。これまたよそでは、まず絶対に体験できぬ独特のものであった。先のエレベーターを横にして、多少長くしたと思えば良かろう。

トロッコは普通、ミニの無蓋貨車であるが、このトロッコは、いわばトンネル専用車である。両側の岩盤から熱風が吹き、熱湯が湧き出るトンネル内を通過するので、前後左右はもちろんのこと、天井もすべて、厚さ三ミリほどの頑丈な板囲いであった。

乗り込んで後のドアを閉めると同時に、中はまっくらやみになり、誰がどこにいるのか、皆目見当もつかぬ。走り出して間もなく、側板の隙間から、すごい熱風が吹き込んできた。

じわじわと汗がにじみ出て、まるで蒸し風呂にはいったような感じである。他人の顔は見えず、自分以外は誰がどこで何をしているのか、わずかに夜光の腕時計の文字盤が、無気味に光るだけであった。強力さんは、相変わらずだまりこくったままである。

板張りの腰掛けの下からも、次第に熱気があがってくると、いよいよ身体中がほてってきて、衣服もびっしょりとぬれてくる。タオルでやたらに、ひたいの汗を拭くだけである。同時に生きているのは、自分一人だけのような不安と錯覚におそわれる。

この間三十分、ずいぶん長い時間かかったように思われた。このトロッコをおりると、乗り物はおわり、これからいよいよ前後を強力に守られながらの徒歩行軍である。山坂の道でもこの辺りは、けわしいというほどのこともなく、先々この程度なら大したこともあるまいと、内心たかをくくって歩き続けていると、すぐ目の前が川になっている。

眼下の激流に一瞬、息をのむ思い、瞬間、頼山陽の筑後川を下るの詩『文政の元十一月、われ筑水を下って舟筏をやとう。水流箭《や》の如く、万雷吼《ほ》ゆ、これを過ぐれば人をして毛髪をたてしむ』が脳裡に浮かぶ。まさにうなりをあげて流れていた。この上に吊橋がかかっている。この先の道路は吊橋づたいに川向こうに続いている。

吊橋の高さ約七十メートル、橋の長さ五十メートルくらいか、いや、もっとあったろうか。大きさ八番線くらいのワイヤーで吊ってある。橋の幅は一メートルにも足りぬ至極簡単な作りである。

ちょうどはしごを横にして、その上を渡ってゆくのと同様で、両側に手すりのワイヤーがつけてある。踏むところは、太さ直径五～六センチのものもあれば、太いのは十センチくらいのものもある不揃いの木の枝を、これまた不揃いの間隔に、適当にくくりつけたという感じの至極お粗末なものである。

したがって、足下はまる見えで、滔々と流れる脚下の様子は見まいと思っても自然と目がゆき、身のすくむ思いがした。吊橋を渡るには、一人が完全に向こう岸へ渡りついたのを確認して、次の者が渡りはじめる。二人が同時に橋の上にいてはいけないというのが不文律のようだ。

これは吊橋にかかる荷重も少なくするためと、一人でなければ橋の上下動、揺れによって起こる反動のリズムが崩れて、危険をかもす恐れから、当然のことだろう。

先頭の強力さんが、いとも軽々と両側のワイヤーを手づたいに、はずむように、うまく調子をとって、一気に向こう岸へ渡って行った。背におんぶした「つづら折り」の背嚢《はいのう》が、一定のリズムで上下に動揺して次第に遠ざかって行く姿は、動画さながら、いにしえの杣人《そまびと》も定めし、かくやの感がした。

間もなく渡ってよろしいという合図の手が挙がった。いよいよ自分の番である。全身緊張のかたまりのようになって渡りはじめる。五、六歩もゆくと、上下に揺れだし、十歩もゆくと揺れが次第に大きくなり、渡り木を踏もうとして、ふみおろす動作と橋の上下の揺れ、つまり反動がうまくかみ合わず閉口した。踏みつけると、下から突き上げられるような工合になった。

足下の急流が目に入り、自然と足がすくんで、立ち往生、ついに動けなくなった。とたんに先の強力さんが、大声で怒鳴った。

「下を見てはいかん。もう一度、もとに戻れ！」

恐るおそる方向変換し、元の位置に戻った。先方に目をやると、今度は手を高く振り上げて、また怒鳴った。

「絶対に足許を見てはいかん」と。（足許を見るなと言われても、自然に目がゆき、下の流れが視野に入ってくる）

途中で止まっちゃいかん。足許を見ないで、この手を見て渡ってこい、と。こぶしをふり上げて大声で怒鳴る。

言われる通り、今度こそと、二、三度深呼吸をして、全神経を集中しつつ、やっとの思いでどうにか渡り終わったが、橋の中ほどは上下に一メートルくらい動揺したようで、手も足もかちかちになった。命からがらという言葉が、まさにぴったりである。

渡り終わってホッとしたら、振りむくと、後の強力さんは、私が渡り終わるのを確かめた途端に、これまたましらのように一気に走るように渡って来た。やれやれとここで一服して、体調を整えた。

これから山道をしばらく行くと、また道が途絶えている。川に面してそそり立つ岸壁に、二メートル間隔ぐらいに杭を打ち込み、その杭に長さ一・五メートルほどの針金を下げ、その針金で一本の杉丸太を横吊りにしたのが延々と続いている。今度はこの丸太にのって、カニのように横歩きだ。

あるところでは、その岩壁が垂直に近く、五、六十メートルの足下は急流が岩をはんで逆巻き、一歩ふみはずせば、結果はいわずと知れたこの世の終わり。岩に両手をひろげ、尺取り虫よろしく横に歩くのであるが、ところどころに吊るした針金が邪魔になることもあって、なかなか思うようにはかどらぬ。

そうした距離が、どれほど続いたであろうか。山道になったり、丸太になったり、また吊橋に変わったりした。吊橋も同じような状態のを三ヵ所渡ったので、あとではだんだんと要領を覚えてきたが、反面スリルに満ちた行軍でもあった。

宇奈月を出発して三時間、噂に聞く十字峡の難所についた。ここは急流が三方からほとんど直角にぶっつかって、十の字を書いたようになっている。この急流を見おろしながら、中食をとった。

強力さんは二人とも、ここに来るまで、ひと口ふた口しゃべったくらいで、こちらから話しかけないと、自分の方からほとんどしゃべらなかった。それだけによけいに、頼り甲斐のある感じがしたのも事実であった。

ひと休みして、ふたたび恐怖の強行軍に移った。また、丸太の上を横ばいに歩いていると、五、六メートルの川をはさんだ向こう側の岩場に、巨大な一匹のカモシカがジーッとわれわれ三人の動静を監視するかのように、こちらを向いていた。

当方といえば足許がおぼつかない状態で、手をたたくことも、物を拾って投げることもできず、むろん岩壁にへばりついた格好では、物を投げるどころか身動きひとつできず、また投げるような物もなかった。頭だけが身体の向きとは反対に、対岸のカモシカに向いているだけのことである。

この時、強力さんが、先ほど、第一の吊橋を渡るときと同じように大きな声を出して、ホーイと叫んだので、自分もつい、つられて二、三回、ホーイと思いきり大声をはり上げて真似たが、カモシカはいっこうに動ずる気配もない。やや間をおいて、やおら、のっそりのっそりと、ほとんど垂直に近く切り立った岩場をのぼって行ったのが印象的であった。

強力氏がその時はじめて、自分から口を切った。あのカモシカは牡で、優に三十貫以上はあると教えてくれた。その時は、ああそんなものかと感じた程度で、それ以上の感興も湧かなかった。それよりも、丸太の上の足許の方が心もとなく、小刻みにふるえているのが、我ながら哀れな感じがしていた。

このようにして何度も生命の恐怖におびえ、おののき、六時間半かかってようやく目的地の平小屋に辿りつくことができた。

ここには、一軒の田舎の農家に見るような頑丈な二階建ての宿舎があった。かなり年数を経た建物と見たが、よくもこの山奥にこれだけの家をと、感心するほどの立派な材木を使ってあった。

宿舎の人に挨拶をすまして、地下足袋をぬいだ。靴下が両方とも血で染まっていた。不思議に思って靴下を脱ぐと、どうだろう、はき馴れぬ地下足袋のせいか、両方の足の裏、親指のつけ根と指先に、同じように大きな豆ができて、ともにつぶれていた。

ふだんなら、マメができれば当然、痛みを感ずるはずだろうが、今日ばかりはいつ、どこでどうなったのか、まったく気づかなかった。これというのも、足の痛みもわからぬほど、真剣に無我夢中で辿り着いた証拠だろう。

宿舎には七、八名が泊まっていた。二階に案内されて、今晩はここで厄介になり、一日の疲れをいやすことになったが、あいにくと風呂がこわれて使えぬという。強力さんの案内で、川に行って身体を拭いた。白く、川の水は冷たくて、三分以上つかっていると心臓麻痺を起こすということであった。

実際に水に入ってみて、なるほどと実感した。岩と岩との間には、大きな雪のかたまりがいたるところにあって、下の方は水が流れて溶け、その部分が空洞になり、バックリと口をあけたように点在していた。

岩に立って川面にジーッと目をやると、大小の魚があちこちで泳いでいた。子供の頃、田舎の川底の砂や小石の見える澄んだ小川の水面に、無数のメダカが泳いでいたのを連想した。同時に、今も郷里のあの小川は、昔かわらぬ清潔さをたたえているであろうか、今もメダカは泳いでいるであろうか。岩にたたずみながら、郷愁が湧いたのを想い出す。

宿舎に戻ると、遠来の珍客というので、今晩はご馳走しましょうという。この山奥で一体、何のご馳走かと思った。二、三人が釣り竿を持って出て行ったが、ほんのわずかの間に十五センチもある大きな川魚（イワナ）を沢山釣って来た。夕食には一杯のコップ酒と、川魚の塩焼き、テンプラのご馳走になった。

翌朝の味噌汁が、これまたひと味変わっていた。何かと思ってよくよく正体を見ると、道端に密生している雑草で、ちょっと乙な風味があった。草の名を聞くのを忘れたのが悔やまれる。ここにいる人たちは、仙人のような生活に甘んじているのだろうか。いざとなれば、人間はある期間なら、何を食べても生きられるものだと実感した。今日はいよいよヘリポートの設定である。ここまで川を溯《さかのぼ》って来ると、川幅も次第にせまく、奇岩がいたるところに突き出して、さながら山水の絵を見るようで別世界の感が深い。

目ざすヘリポートの予定地は、宿舎から五百メートルほど上流の川の中州にある。そこまで行くには、ほんのわずかでも水に入らねば行けないので、足袋のまま水に入ったが、ちょっとの間でも足が切れるように冷たかった。この中州は、幸い両側も拡がり、着陸にはまず支障ないことを確認してほっとした。

携行してきた吹き流しを宿舎の人に托して、昨日の道を逆に、相変わらず前後を強力さんに護《まも》られて帰路についた。昨日に変わり、朝からどんよりした空模様であったが、途中からとうとう降り出した。びしょぬれになり、滑って足を取られまいと、一歩一歩注意しながら歩いた。

専用鉄道の終点『けやきだいら』近くの祖母谷温泉に辿りつき、今日はここで泊まることになった。汗まみれ、びしょぬれの衣服をゆかたに着替えて、ひと風呂浴びた気持は、本当に生き返った思いであった。

ここには関電の方も見えていて、昨日、今日の苦労話など交わし、食事を共にした。よほど疲れたせいだろう、翌朝目が覚めたのは八時頃だった。ふたたび専用鉄道に乗って宇奈月に帰り、旅館についた。薬店から薬を取り寄せ、足の底まめの手入れなどして、借用の足袋を返納したのち、関電の方々や強力さんに、二日間にわたる特別のご厚意を謝しつつ大阪に向かった。

大阪着後、関電本社に調査報告をして、伊丹空港発の定期便で帰京した。

このたびの踏査で感じたことは、世間広しといえども、また千百万の人口を擁する大東京といえども、黒部川のあの峡谷を、あの難所を渡った人が、あるいは経験した人が、果たして何人あろうかと。

優越感みたいなものが、今でもはっきりと印象に残っている。調査飛行は、七月二十八日から三十一日にかけて葉山兄と実施したが、今思えばまったく『盲、蛇に怖じず』の感、ぞっとするような、いわば冒険飛行の連続でもあった。

それはそれなりの成果を得たこともあろうが、それ以上に今はむなしさを覚えるだけである。


（一九五〇年九月十四日記）

以上で、ひとまず深牧氏の手記を終わる。ともあれ、国内で初めて脚光を浴びて登場したヘリコプターが、産業界をはじめ各界の話題をさらって嘱望された、熱い視線の集中するなかで、先達となった諸先輩が、あらゆる分野に挑戦し、いかに情熱をもって取り組んだことか、その実態が如実に、深牧氏の文中に表現されている。

それらは、現在から見れば暗中模索であったに相違ない。ある時は、成功の美酒に酔うこともあったろうが、苦汁に満ちた揚句に徒労に帰した時も多かったに違いない。だが、そのために費やした時間と労力に対して、我々は謙虚に襟を正し、頭を垂れなければならない。

執念の飛行

さて、その後の氏の行動を追ってゆこう。

昭和二十九年十二月三十日、『雪の谷川岳でアベック遭難』の見出しで報道され、一週間も行方不明となって、話題を呼んだ遭難者の捜索飛行が行なわれた。この日、深牧氏は献身的に雪山に挑戦し、見事に遭難者を発見し、無事に救助するという快挙に導いたのである。

この日、降雪はなかったが、県境の屏風といわれる三国山脈の中でも名にし負う谷川岳である。油断は許されない。そこで山岳会の会員一名を、捜索補佐員として同乗させ、飛び上がった。

深牧機は、強風に煽られながら、山肌を上昇する。彼は、さすがは谷川岳と五体に感じつつ、ひととき山脈から離れる。が、すかさず近寄って白銀の山容をくまなく捜しつづけた。持ち前の強靭な情熱は、かつてのファイターのパイロットから発散する。鷹のような鋭い眼光は、八方に輝いた。と、見るや、天神平の山小屋の煙突周辺に、わずかに雪解けの気配がある。遭難者は見えない。が、機長は、いち早く、生存者がいるに相違ないと感じた。ヘリコプターは、急ぎ現場に向かう。

案の定、半病人のような遭難者を発見した。機長は、ただちに通信筒に文面を入れ、雪面に向けて投下させた。文面に、「本隊に連絡した。救助隊が来る。それまでは、じっと動かずに待たれたい」とあった。

さっそく、地上から救助隊が出発し、目出たく両名とも救出された。適切な機長の判断と勇断が高く評価されたのはもちろんである。遭難者は、『チョコレート一枚で飢えを凌ぎました』と喜びをかみしめながら、感涙にむせんで語ったと言う。

この快挙は、ヘリコプターが、山岳地帯の多い日本国で、冬山の遭難者を、いち早く発見し、目出たく人命を救出に導いた第一号として永く記録されるものである。

　明けて三十年四月下旬から十月にかけて丸五ヵ月間、大雪山の風倒木処理のため北海道に滞在して飛行に従事した。これは、前年に洞爺丸台風によって、道内各地に被害が発生し、とりわけ大雪山の風倒木による惨状は、目を覆うばかりであった。風倒木は、一年間も放置すると、害虫が発生して立木に伝染する。その予防として、薬剤を空中から撒布《さんぷ》する必要があった。北大の井上、内田の両教授はじめ、農業技術研究会の畑井、鈴木の両先生や東大の藍野教授らの指導に浴して行なわれたものだ。

　この作業は、全日空と旭川営林局との契約によるもので、製薬会社のB・H・C五パーセントの粉剤を、人跡未踏の大雪山に撒布したのである。昭和三十一年五月、文藝春秋社で『空からの日本拝見』という企画があり、その取材のため樋口写真部長と共に約二ヵ月にわたって、全国を翔け巡った。

　同年八月七日は、忘れることのできない難渋と僥倖の日だった。この飛行は、八丈小島に発生した象皮病の駆除に一役を買ったものである。

　この件で、東大伝染病研究所寄生虫研究部の佐々教授はじめ、関係者が八丈小島に渡って、海浜の熔岩にある無数の水溜まりに発生するボウフラが、蚊となって媒介するものと認定し、その駆除にヘリコプターを使って薬剤を撒布するというものである。

空輸するヘリコプターには、葉山忠次整備士が同乗した。

村野氏の企画によるもので、取材を兼務していた。薬剤撒布装置は、飛行機を使うが、ヘリコプターは洋上飛行をしなければならない。ＪＡ七〇二三号のベル四七Ｇ型で、フロートを装着せずに飛ぶことにした。装着すれば、機速の低下は避けられないばかりか、洋上の「うねり」では転覆の恐れもあるからだ。

身体には鱶《ふか》除けのため、赤色三メートルの尾ヒレのついた浮胴衣を着て、ダブ機のチューブを三個膨らませ、さらにパラシュート発光弾と救難用発光灯などを積み込んだ。燃料は大島飛行場と三宅島の坪田中学校々庭で補給することにした。

また、安全対策としてエスコート機がつくことになり、ＪＡ五〇〇八号機デハビランド・ダブ機が当てられた。この計画の総指揮に、取締役運航部長の鳥居氏が決まり、機長には神田氏が当てられた。また、ダブ機とヘリコプターとの交信には「一二六・一八ＭＣ」の使用許可を得て、この飛行について万端の準備が整ったのである。

ところが、ここで思わぬ壁につき当たった。航空局の見解と深牧機長との間に意見調整がなされず、正規の飛行許可が下りないままに、飛行に踏み切ったことである。

次に、前日行なわれた航空局の亀山航務課長と深牧機長のやりとりの場面を再現する。

「会社を挙げて、安全対策を練り、すべての準備を整えているのです。なんとか飛行許可をいただきたいのです」

この深牧機長の重ねての懇請に対して、亀山課長は相変わらず、ＯＫのサインを出し渋った。

「アメリカでさえ、フロートなしで陸地から二十マイル沖の洋上飛行は許可しないでいる」と、言う。

「それでは飛んでいけないのですか」

「飛んでいけないとは言わない」

「だが、許可しないと言うのは何のことですか。飛んでいいと言うことですか」

「飛んでいいとは言わない。御随意にどうぞ」

「では、御随意にします」

このやりとりは、短時間では終わらなかった。その最中に電話が入った。中野勝義常務取締役営業担当からである。

「どうだ、経過は？　とにかく喧嘩だけはしないで、した手に出るのだよ……くれぐれもその手法でゆくことだよ……」

常務が、交渉が難行していることを感じて心配していた。深牧機長は「御随意に……」とは、半ば許可したも同然と受けとめ、飛行を決意して引き下がった。

八月七日、朝六時、洲崎へリポートを出発し、大島まではダブとの交信もよく、計画通り飛行した。大島での燃料補給を終え、三宅島へ向かうと、天候は次第に悪化し、全天が曇り、シーリングも下がって来た。機長は、止むなく海面上七十メートルを這うように飛ぶ。

南下するにつれ、南西風も強くなり、偏流を右に三十度とって保針する。一方、ダブとの交信は、大島を出てから不可能になっていた。ダブ機は、雲上を飛んでいる。だから、海面を這うヘリコプターを視認できないのは当然で、それだけに不安にかられて飛んでいたようだ。

天候は悪化の一途を辿るばかり、雲は海面近くまで下がり、海面との間は狭められている。その海面では白魔が起伏して、47G機を呑み込もうとする勢いである。この狂った大自然に、立ち向かう、わずか最大出力二百馬力のヘリコプターは、あまりにもひ弱な玩具のようだ。

だが、その機内には、目的完遂までは絶対に弱音を吐かない強固な魂の持ち主が二人、言葉もなくただ黙々として飛んでいる。機長は、修正した針路が果たして適正かどうか、それればかりが気になった。だが、神津島が半ば雲にかくれて見えたとき、機長の胸はひとまずホッとした。

ダブ機からは時をおかず、「位置知らせ」と言ってくる。だが、ヘリコプターの送信は、ダブにはキャッチされない。

やがて、三宅島が見えたとき、深牧機長は自信をもった。航法に間違いはない、と呟いた。三宅島で燃料を補給すると、最終コースに入る。天候はますます悪化してゆく。あと一時間待ってくれと、祈るように三宅島を離陸した。

離陸して間もなくすると、雨がバブルに当たってきた。その上、偏西風が強くなった。十メートルないし十五メートル毎秒はある。機長は、偏流を三十七度修正して飛ぶ。ここで、同乗した葉山整備士の手記（『ヘリコプターは飛ぶ』に記載された）を紹介する。

――深牧さんは昔、もっと速い飛行機で硫黄島を往復しておられた経験あり、平然たるものだが、ヘリの速さでは少しもじもじして来る。島以外の上空にも積雲多発し、どの雲が島の所在を示すか標定できず、あと二十分で予定の八丈にいたる頃になって、やっと雲の下に島の裾影が確認できた。こんな視程で、オンコースであったことが心を晴れさせてくれた。

こうして、苦難の末に目出たく目的地に着いたのである。ときに十二時二十二分だった。まさに執念の飛行そのものと言える。――

八丈島では、八日、九日、十日と、八丈高校々庭を借用し、薬剤積み込みの基地として八丈小島へ撒布した。その効果は、予想を上回る結果を得たのである。なお、この飛行作業に対し、美土路社長から、深牧機長と葉山整備士に褒賞として時計が授与されたことを付け加える。


さて、この難行苦行の飛行について考察することにした。

まず、航空局の担当官と深牧機長の交渉について、「許可しない……」だが、「飛んでいけないとはいわない。御随意に……」という局員の真意は何であったのか。考えられる一つには、フロートの無防備である。これについて、フロートを装備しない代わりに対策をどうしたか、この指導がなされていない。

次に「御随意にどうぞ……」の発言は、あまりにもなげやり的で、当局の責務放棄ともなるものである。

結果的に、当日の気象から推察すると、仮りにフロートを装備したならば、リスクはより増大したに相違ない。低速だけに止まらず、不安定で、かつドリフトなどの航法上のマイナス面と、荒海上に不時着水したとしても、転覆の危険は充分考えられる。

この面から、機長のとった判断と処置は正しかったと思われる。すなわち一つには、できる限り重量の軽減を計る。そのためには、燃料補給地を二ヵ所設定する。あとは機長のあらゆる航空のノウハウを活用することである。こうして独断的に決行に踏み切ったのであった。

だが、予想外の悪天候下の洋上で、機長は絶えず苦悩した。それは、正規の許可飛行ではなかったからである。

万が一のことでもあったら、航空局から、「それ見たことか……」と嘲笑されるに相違ない。さらに、会社に対しても甚大なる損害を与えることとなる。そう思うと、航務課長の顔が、海面を這う深牧機長の脳裡に、ひょこっひょこっと浮かんでくるのであった。

通常多くの飛行において、最後は機長の責任であることに変わりはない。だが、今回の飛行ほど強烈にその責任を追及されるものはあるまい。ただ単に、機長が一か八かと僥倖を狙っての行為ではなく、何よりも安全に対する配慮と、飛行に対する自信と執念があっての成功であったと思う。

困難な飛行であればあるほど、それに向かって挑戦する勇気が必要であるが、これほどまでに一飛行について、全身を抛《なげう》って飛ぶのは、エアマン・シップの塊《かたま》りというべきか、その闘魂にはただただ低頭するばかりである。

ここで、書き洩らしたことをつけ加えておくことがある。それは、昭和二十八年から二十九年にかけて、ヘリコプターによる農薬撒布飛行が始まった草創期のことである。新しいジャンルで暗中模索の先覚者たちは、まず薬剤撒布飛行の基準、今日で言うマニュアルの作成に取りかかったのである。

これらは畑井博士を中心に、深牧氏らが中核となってヘリコプターの撒布速度や飛行高度、撒布幅、ターンの要領など詳細にわたって研究し、実験の繰り返しを重ねたのである。これらのデータの相違によって、どのように効果に変化をもたらすかを調べ上げたのである。こうした懸命な努力により、今日の薬剤撒布飛行の基盤が形成されたのである。

昭和三十一年八月十三日、八丈小島での作業を終えて帰京した深牧氏は、函館基地においてS－55機の操縦訓練に取りかかった。

海上保安庁で民間人が訓練を受けるという名目は成り立たない。そこで、見学という名目で、わずか二十五分間乗せてもらい、飛行の手順を教わった。教官は、渡辺清規飛行長である。これは、美土路社長と海上保安庁長官との話し合いによるものであるが、二十五分間の同乗飛行以外は、まったくの自学自習である。

ただ、保安庁が実施する津軽海峡の機雷捜索の飛行には同乗して、自ら操縦桿を持つことができた。これは、お礼奉公と言われ、約二週間にわたって行なわれた。ただし、この飛行では、特にエマージェンシー時の操作などの訓練はなく、サーボオフやオートローテイーション操作は、見学の時間内に教えられたのであった。

三十一年も暮れ近くなって、ナホトカから「興安丸」が舞鶴港へ入港した。この船にはソ連邦での長く苦しい抑留生活に耐え抜いて、ようやく解放された多くの復員軍人が乗っている。

祖国の土を踏む引揚者と、彼らを迎える肉親や縁古者の赤裸々な対面の場面は、敗戦による悲惨な実態をまざまざと見せつけた。

この実況を取材するため、深牧機長は幾度となく飛んだ。そのたびごとに胸が締めつけられ、目頭が熱くなるのだった。

年が明けた一月十七日、送電線のメッセンジャーロープ（ナイロン）の延線要領と架線テストが行なわれた。場所は鵠沼海岸で、成功裡に終わる。このテストには、航空局の山口、川合の両技官が立ち合って実施された。なお、このテストは、ＪＡ七〇二一ＮＨ1型（横軸）とＪＡ七〇二一ＮＫ87型（縦軸）を使用して行なった。

三十三年十月には、北海道で林野庁による森林調査飛行が行なわれた。二十六日、ＪＡ七〇二一号で深牧機長は、飛行中、不幸にして事故に遭遇し、腰椎を負傷して入院した。

幸いに大事にいたらず、年内には退院して勤務に復し、主として運航管理業務に就く。その間、第一種航空身体検査証明書を手にして、事後の飛行に備えていた。

第五章　英霊たちの声援

異色の女性パイロット

昭和三十六年四月末日、深牧氏は全日空（株）を退職し、五月一日付で京成電鉄（株）へ入社した。同社ではすでにベル47型Ｇ一機を購入し、ハンガーやヘリポートの設置も完了して、事業用免許の申請を行なっていた。だが、一ヵ年を経ても、いまだに許可がおりずに苦慮していた。

そこで深牧氏は、入社早々この問題に取り組んだ。日参に近い航空局との折衝により、ついに五月二十九日に許可がおりた。わずかに一ヵ月ほどの交渉の結果である。

京成電鉄航空部営業案内

また、カンパニーの周波数の割り当ても得た。これには電波管理局との交渉に少なからず苦労した。社内ではすでに土浦、銚子、白浜の各地に、ホテルを建設する青写真ができていた。

深牧氏は、青写真を携えて監理局に通い、社内専用周波数の必要性を訴えた。だが、局員はわずかにヘリコプター一機では、と一笑に付して反対する。侮蔑に近い局員の反対意見に対し、深牧氏は執拗に必要性を強調、主張して、ついに割り当てを獲得したのである。こうして、いよいよ飛翔の態勢は整った。

だが、京成電鉄にとって、陸運とは勝手異なる新分野の航空への進出である。そのため、諸施設をさらに充実する措置を取る必要がある。そこでまず、私有海岸を長さ二百メートル、幅百二十メートルにわたって埋め立てて、そこにヘリコプター六機収容可能なハンガーを新設することにした。また、これまでバラ園の中に、十五メートル四方のヘリポートを設置していたが、三十六年夏には新しく埋め立てられた土地に移設した。

新設したハンガーの完工披露式には、赤城宗徳衆議院議員や源田実参議院議員らの多数の知名人が臨席され、まことに盛大な式典と披露パーティーが催された。

社内では、ホテル建設を裏づけるように、二機目のヘリコプターが導入され、無線免許も取得した。

さて、深牧氏の入社時に渡された名刺は『事業部運航課　ヘリコプター操縦士』となっていた。だが、その後新たに航空部ができて、深牧氏は運航課長となった。これには、次のような経緯がある。

川崎社長は毎日新聞の若松総一郎氏とは、水戸高校から東大までのクラスメイトで昵懇《じっこん》の間柄にある。川崎社長がヘリコプター事業について、若松氏に種々相談したところ、事業部から分離独立すべきとのサゼッションにより運航部が誕生し、当該部の課長に深牧氏が就いたのである。

ところが、外部から入社早々に管理職とは、と嫉妬心に燃える厭味を浴びることになった。深牧氏にとっては単純な課長ではなく、実質的には、運航係長と整備係長を兼務する管理職なのである。やがて次長に昇格された。

いよいよヘリコプター基地の風格が整うと、農水協による薬剤撒布飛行の検定試験の場として使用したり、基本操縦訓練の基地ともなった。学連出身の根岸、蔵田、大屋氏らのほか二十数名が深牧教官に教育され、ここの基地から巣立っていった。

深牧教官の指導に浴した訓練生の中に、異色的存在の女性パイロットがいる。彼女は、すでに飛行機の自家用のライセンスを持っている。ヘリコプターの免許は、彼女が女性パイロットの第一号である。そこで、マスコミはこぞってこれを宣伝した。「今後の抱負は……」と、問いかけるマスコミに、「使用事業のパイロットを目指します」と断言していた手前、彼女は事業用免許取得を目指して、深牧教官の指導に浴するのである。

ともあれ、これほど航空に情熱を燃やす女性とは、天晴《あっぱれ》というほかはない。自家用とはいえ、飛行機の免許を持っている。それにヘリコプター事業用の免許取得には、経済的にも大きな負担がかかる。一時間三万五千円として、さらに百六十時間の訓練を受けなければならない。

だが、あらゆる障害を克服して、彼女は法に定められた飛行時間を消化し、見事に事業用試験に合格したのである。彼女の名は、富岡光枝で二十三歳、容姿端麗にして稀に見る美貌の持ち主である。

この美しい若い女性と隣り合わせて操縦桿を通し、何もかも思う存分話し合える教官こそ男冥利に尽きるというもの、深牧教官の熱の入れようも格別であったに相違ない。そのおかげもあって、伎倆の進度は目覚ましかった。

教官の模範演技のあと、彼女はすぐさま独力で言われた通り操作するが、教官は終始うなずき、うっとりと見とれるばかりである。特に、オートローティーションの各種操作において、初回は別として二回目からは、そのほとんどがスポットに入るまでになっていた。

受験当日、川田幸秋試験官は、飛行終了後の印象を深牧教官に、「彼女は、すばらしい適性の持ち主で度胸がいい。何よりも操縦が上手だ……」と、感心して言った。

富岡光枝さんについて、もう少し書き加えておく。人づてに頼まれていたヘリコプターの訓練飛行について、深牧氏は富岡光枝さんに請われて、ある日、川端康成先生と会った。場所は、藤沢飛行場である。

深牧氏が名刺を差し出すと、川端先生はその名刺を手にしたまま、いきなり「兼高かおるはどこの国の人ですか」と、尋ねられた。あまりの唐突な質問に、深牧氏は呆気にとられていると、先生はあらたまってこう言った。「あなたに、この人をよろしくお願いします」と。

この出合いによって、教育が始められたのであるが、川端先生の愛弟子ともあれば、おろそかにするわけにはいかぬ。『訓導厳ならざるは師の過《あやま》ちなり』と、深牧教官は謹厳をモットーに自らを律し、富岡訓練生の指導に専念した。

彼女は、経済的に恵まれ、都心の高級マンションに居を構え、贅をきわめていた。訓練が終わると、谷津へリポートから上野まで、教官を送るためと言ってフェアレデイ（スポーツカー）を買ったほど師を尊敬し、また情熱に燃えていた。

教官送りについて、深牧教官は彼女の厚意を受くべきか否かについてとまどった。ついに奥さんに話したところ、はっきり断わるべきと明言された由。そこで富岡さんは、買ってまもない新車を売却したという。

ライセンス取得後、彼女から就職の斡旋を頼まれ、ヘリコプター会社に当たってみた。だが、パトロールや薬剤撒布、報道を主とする使用事業会社では、いずれも飛行時間が不足との理由で敬遠された。新聞社ではどうか、と当たってみたが、同じ理由で見送らざるを得なかった。そこで彼女は、なおも訓練の続行に執念を燃やし、ついに渡米してしまった。

渡米については、川田試験官が知り合いの大使館の係員を通じて実施に踏み切ったのであるが、富岡光枝さんを大使館に連れて行き、渡米について一切の世話役を果たしたのが深牧氏であった。

彼女は、カリフォルニア州のある飛行訓練学校で、ヘリコプター操縦技術の演練に励んでいた。そのうち、同じ学校に学ぶイタリア人と親しくなり、卒業後、二人はイタリアに向かったという。その後の情報は知るよしもない。

ついでに、昭和四十年八月一日付の『婦人航空』の記事を付記する。

——富岡光枝嬢、ヘリコプターの事業用パイロットに——

昨年五月、日本ではじめてヘリコプターのパイロットになった富岡光枝嬢は、その後も研鑽をつんで、この三月、事業用パイロットの学科試験を受け、最高クラスで合格し、六月八日、引き続いて実地試験を受け、みごと待望の事業用パイロットになったもので、このたびは押しも押されもしない立派な職業パイロットになれる資格を得たのである。飛行機でも、事業用パイロットは二人きりである。

六月八日、船橋谷津海岸にある京成ヘリポートを飛び立ち、オートローティーション、六十マイル時アプローチ、三十マイル時アプローチ、クイックストップ、ホバリング、横風、追い風着陸など三十数科目にわたる操縦と四十分余の三角コースの航法などつぎつぎにマスターして合格した。

常に冷静な彼女も、さすがに連続の試験科目に、練習の時ほどうまくゆかずに反省させられたといっておられた。

女性の職業化されていないパイロットを、このうえに腕をみがいて実現して見せたいと意気込んでいられる。そのため来月末に渡米して二年くらい勉強してくるとのことである。自分の習ったベル47G2型ヘリコプターだけでなく、できるだけ多くの機体に接してみたいし、また飛行機も同時にやりたいと言っていた。

世界の女性ヘリコプター操縦者のクラブであるインターナショナル・ウィメンズ・ヘリコプター・パイロット・クラブに属したが、世界でも女性ヘリコプター・パイロットは少なく、彼女が七十五番目とのことである。

彼女は今、渡米の準備に追われながら、希望に胸はずませている。

情熱の闘い

昭和三十七年、事業展開の一環として、成田駅近くの京成社有の山を削ってヘリポートを作った。赤城宗徳衆議院議員の秘書官水野清氏のサゼッションにより、川崎社長の決断により行なわれたものである。ヘリポートの完成により、実施に先立って深牧氏は、テスト飛行を行なった。だが、騒音の苦情が相つぎ、ついに遊覧飛行には不適として中止された。

だが、せっかく作ったヘリポートである。その活用にと、正月を期して成田詣の飛行が企画された。まず、ビラ作りから始め、京成ヘリポートから成田ヘリポート間の二地点間運航開始を宣伝した。ところが、航空局から『待った』がかかる。不時着陸場が明示されていない、というのである。

深牧氏はさっそく、条件を満たして申請した。当然、認可されて飛行に踏み切った。が、結果は芳しくなく、初日に数回の飛行が行なわれたに過ぎなかった。

だが、社を挙げての新規分野開拓の意欲は、ますます募るばかりである。次に深牧氏による手記を紹介する。

――ある時は、かねて顔馴染みの明治記念館館長から、挙式終了後の新婚さんを、記念館の庭から直接ヘリで羽田空港へ運べないかとの話が出た。当時は新婚カップルが羽田空港から飛行機を利用して関西や九州方面、ことに宮崎あたりへ、新婚旅行をするのが流行であった。

挙式の申し込みは、六ヵ月先までぎっしりつまっていたが、申し込みの際、「旅行の有無、行く先により、ヘリの予約も可能だろう」と話があった。当時、ヘリによる羽田空港の出入りは、新聞社の報道以外は難しい時代であった。そこで一計を案じ、新婚カップルを横浜へ、ヘリで運ぶ試みはどうだろうか、と別の計画をたてた。

横浜の着陸場は、かつて北米航路の花形船として活躍し、今は埠頭に観光船として浮かぶ「氷川丸」に目をつけ、同社へ打診したところ、思ったより容易に先方でも話がはずみ、承諾を得ることができた。先方も見学者獲得にプラスとの構想も浮かんだのだろう。船上へリポートの計画作成は、当方の申し出通り、一週間で青写真ととももに出来上がった。

この計画をさっそく、航空局の楢林技官に相談したら、「それは面白い。ぜひやろうよ」と賛同してくれた。工事着工前に、とりあえず飛行ルートの下見をやろうと、好天のある日、楢林技官、明治記念館館長と打ち合わせの時刻に、私は明治記念館の庭へ、ヘリを運んだ。

ここから楢林技官同乗で、横浜埠頭に向かってテスト飛行を実施した。横浜は山下公園内のグラウンドに着陸。栈橋を渡って「氷川丸」を訪ね、周囲の状況やヘリポートの青写真などを見聞した。

万事計画通り進展して、工事着手を待っていた折、この予行が、あるところから漏れて航空局へ横槍が入り、残念ながら日の目を見ることなく立ち消えになった。明治記念館の館長はじめ、「氷川丸」関係者の落胆ぶりは、覆い隠せるものではなかった。

これに類する運航は、まだある。土浦にある京成ホテルで、挙式をすませた新婚のカップルを、同ホテルの庭先から辰巳の東京ヘリポートまで飛ばすことに挑戦した。だが、これも数回にして取り止めとなった。

こうして執拗なまでの挑戦は、直接的に成功に結びつかなかったかも知れない。だが、その努力と労力は、ヘリコプターの将来の運航面に多くのメリットを与えたのである。申すまでもなく、貴重な経験として蓄積されたからだ。

さて、昭和三十七年から翌三十八年にかけては、もっぱら若手パイロットの教育に専念する一方、操縦士協会の副会長として、大関昇会長を補佐し、石田功氏と共に協会の拡充と確立に尽力する。

深牧、石田の両副会長と清水千波、小野貞三郎氏のコンビは、共に力を併《あわ》せて協会の社団法人としての位置づけに腐心し、大いに辣腕を奮ったのである。二日に一度は、協会に顔を出す精勤さは、もっぱらの定評であった。

さらに、ヘリコプター及び小型飛行機の部門による全航運の揺籃期から、会の進展と充実に努め、その後に参画した定期部門と併せ、現在の基礎作りにつとめたのである。

また、パイロットの実技試験に関し、試験管の飛行時間手当の増額問題に取り組み、人事院及び大蔵省に陳情して、運輸省の技官に満足すべき結果をもたらした実績など、内政、外交の両面にわたって深牧氏特有の天性的人間愛を遺憾なく発揮したのである。

この間、航空部は農薬撒布期間の六、七、八月を除き、教育訓練のほかはおおむね遊覧飛行を主体に運航した。年間を通じて谷津ヘリポートで行なうほか、白浜、銚子、土浦、つくばに持つ京成ホテルのグラウンドを、ヘリポートとして利用した。

このほか、観光客を対象にして鋸山、鹿野山などで実施した。また、正月には水戸の偕楽園の前の水田に建築用のパネルを敷いて、ヘリポートを設置して飛んだ。

使用機はベル47型G2一機を常用とし、乗客は二名。コースはA、B、C、Dと区分し、Aは千五百円、Bが三千円、Cが四千五百円、Dを六千円とし、小人は半額とした。一日当たりパイロット一名で三十回を目標に飛ぶ。パイロットは二名割り当てて交代で行なうが、多い日には昼食なしで飛びつづけることもあった。

航空部次長の職にある深牧氏は、管理と飛行業を兼ねざるを得ず、第一線の飛行作業に自ら操縦桿を握らねばならなかった。

出張中のことである。寝耳に水の出来ごとがあった。一つは、谷津ヘリポートの北側に高速道路が開通し、このためヘリポートの一部が侵蝕されてしまった。二つ目は、離陸方向を横断してコンクリートの電柱が建設されているではないか。

ヘリポートの侵蝕は、涙をのまざるを得なかったが、電柱問題は許されない。安全上、あくまでも撤去しなければならない。深牧氏は憤然と抗議の意志を固め、東京電力(株)とがっぷり四つに取り組んだのである。

まず、全航運ヘリ部会に諮《はか》り、東電側の非を公開して協力を要請した。たまたま藤原敬副会長ほか二名と共に、現下のヘリコプター業界の実勢を、中曽根運輸大臣と話し合う機会を得た。

そこで深牧氏は、件《くだん》のコンクリート電柱建立について話し、善処を要請したのである。だが、大臣は「大変参考になることを聞かせてもらった」と、言っただけで、その後は何の沙汰もない。あまりにもすげない運輸大臣ではある、と深牧氏は思った。

そこで東京電力（株）をターゲットとし、正面から立ち向かうことになる。幸いにして、同郷の門田副社長とは、氏が営業部長当時に知り合った仲である。とはいえ、とりあえず東電千葉支店に、電柱撤去の申し入れをした。ところが、支店側との論議の末に、ようやく撤去を受け入れさせるまでに至ったはよいが、撤去料を支払えと迫る。

思えば、ヘリポート設定については、地元民とたびかさなる話し合いの末、公聴会を開いてようやく認可まで漕ぎつけた経緯がある。

京成電鉄としては、他人が建立した物件を撤去するのに、撤去料を払う道理がどこにあろう。深牧氏の正論に反発する交渉は、とうてい埒があきそうにもない。

そこで、最後の切り札として深牧氏は、門田副社長に直談判に踏み切った。まさに情熱の闘いだったが、東電は屈服した。撤去料を支払うことなしに、コンクリート電柱は、見事に撤去されたのである。

昭和四十五年、深牧氏は航空部長に就任された。次長時代に惜しくも一件の事故があったが、ヘリコプター担当常務からは、京成電鉄(株)はヘリコプターの収益を当てにしてはいない。要は無事故で収支トントンで良い。すべては航空部長に一任するが、くれぐれも事故を起こさぬようにしてくれ、と激励された。

こうして、五十二年二月まではKH－4二機とベル47型G2四機を稼働させ、業容の充実を計ったのである。一例として、薬剤撒布後の遊覧飛行が挙げられよう。

京成の薬撒地域では、特に宮城県の古川、小牛田など東北本線沿いの好条件地帯に恵まれて、撒布効率も良く、加えて薬撒作業終了後に、同地区での遊覧飛行を四〜五十回も実施して収益の倍増を計ったのである。

こうして、航空部の業績は確実に向上していったのである。ところが、昭和四十七年七月、田中内閣が誕生するや、田中首相の称《とな》える列島改造論は、燎原の火のように日本列島を覆い、かつてない土地ブームを巻き起こした。

京成電鉄の川崎千春社長は、このブームに乗り遅れまいとして、北海道をはじめ国内各地に土地購入の手を打った。ブームは地価の高騰を呼び、やがて世論の批判が相ついだ。

その後、土地調整区域の法律が制定され、京成電鉄の購入した土地の中にも、この法律に触れるものがあり、処分に窮するものがあった。このため、会社は一大ピンチに追い込まれたのである。

そこで京成電鉄は、同系の会社を整理統合して合理化策を計った。俎上に載った中に航空部門がある。幾度となく討議を経て、結局は別会社として存続することとなる。

だが、それまでの経緯は紆余曲折をきわめた。福田副社長は、航空部門がこれまでに成長した陰には、部員の並々ならぬ努力があったことを知悉《ちしつ》しており、今後も持続してさらに育成すべきであると唱《とな》えたが、これに反発する経営陣がいた。

両論に挟まれた深牧部長は、この姿を見かねて言った。

「私のことなら、どうぞ御心配なく放置していて下さい」

すると、某役員は、重ねてこう言った。

「君は困るじゃないか。強がりを言っている場合じゃあるまい」と。

深牧部長は平然として、「いっこうに困りません。どうぞ思いのままにおやり下さい。機体も売却して結構です」と断言した。これは決して強がりではない。航空に身を賭けてきた剛者である。そのしたたかさは、容易に怯《ひる》むはずがない。

「ハイ、私が全員連れていきます」と深牧氏は言う。こうして、なかなか折り合いがつきそうになかった。三ヵ月ほど経った。その間、役員会でこれまでになく紛糾していたことは間違いない。揚句の果て、深牧部長に、次のような条件で会社の要請を受け入れて欲しいとのことである。

「深牧部長！　君が副社長でも専務でもよい。どうか、自分で気に入るようにやってもらえまいか」と。

これに対して、深牧氏は答えた。

「とんでもないことです。そのような重責を全うできるものではありません」と。

こうして、会社のたっての要請に苦慮する部長との対峙は、容易に解けそうもなかった。だが、深牧部長が重い腰を上げかけたことによって、解決の糸口が見出せた。

それには、条件が三つある。部長からの三条件は、次の通りである。
一、薬剤撒布を含む上半期中の売り上げは、そのまま航空部のものとする。
一、ヘリポートの土地、その他の必要な施設について、全面的に支援すること。
一、経理の専門社員を所属替えして支援するものとし、特に十二月の賞与対策として一金七千五百万円の資金援助をするものとす。
以上の三条件に対し、福田副社長はこれを受け入れ、ここに円満に解決の運びとなり、目出たく別会社として発足することとなった。

日本ヘリコプター株式会社の誕生

昭和五十二年八月二十五日、新生別会社は『日本ヘリコプター株式会社』として発足した。社長には京成電鉄常務の細川春雄氏が就任し、深牧安生氏は専務取締役となった。

会社の骨格も定まり、社長、専務は、とりあえず航空局はじめ航空協会など関係各部へ挨拶回りをすませて一息つく間もあらばこそ、この人事に突発的な一大変更が行なわれたのである。社長交代劇である。岡田瑞穂氏が、新たに社長の椅子に座ったのである。

この唐突な人事異動で、多くの社員が喫驚《きっきょう》したのは当然であるが、とりわけ深牧専務の心中はただごとではなかった。さきに約束した七千万円が宙に飛んでしまうことを怖れたからである。この入金がなければ、社員の賞与も出せない。とりあえず、担当常務に尋ねてみる。

「福田副社長から、別会社として独立するに当たって、持参金として七千五百万円の支援が約束されておりますが、その件は大丈夫でしょうね」と。ところが、その不安は現実のものとなった。

「いや、それは出せません」と、すげない返事である。さあ、困った。専務は、さらに念を押す。

「それは、どういうわけですか。誰が決めたのですか」と。

これに対して、「経営会議で決まりました」と、言う。寝耳に水である。離陸直後のエンジン・トラブルに似ている。誕生後の全社員を乗せたヘリコプターの操縦士兼機長として、深牧専務は一大障壁につき当たったのである。

専務は、金融機関から融資を受けようと試みた。だが、誕生直後の会社である。担保となる資産はまったくない。ヘリコプターは担保価値はない。無担保で融資を受けられるまで信用を高めるため、少なくとも毎日の遊覧飛行の売り上げ金を預金することに努めた。

こうして、かねてからメイン・バンクである千葉銀行船橋支店に借り入れの交渉を進めていた。

十一月初旬に正式に借り入れの申し込みをした。ところが、中旬になって融資いたしますと、快諾の連絡があった。木にも登りたい思いにかられた専務の胸の内を察することができる。

一方、十月の初旬から、かつて軍隊時代の特別操縦見習士官の第一期生で、今は日興証券大阪支店長である教え子にも、日本へリコプターの窮状を話し、五千万円の融資を懇請していた。

それが、十一月中旬になって、日興証券東京支店の融資部長らが尋ねて来て、大阪支店長へ申し込みの要望事項は承知しました。ついては取り引についての手続きを、と言う。まさに両手に花の有様となる。

だが、両天秤《てんびん》は許されない。公正至上主義の専務は、これを放置することはできない。千葉銀行は、メイン・バンクで、しかも地元にある。千葉銀行にお願いすることに心を決めた。

そこで、日興証券に対し、「このたびはせっかくの御厚配に浴しながら、まことに勝手でありますが、千葉銀行からお願いすることになりましたので、今回は辞退させていただきます」と、慇懃《いんぎん》にお断わりした。

ところが、その一時間後に、千葉銀行から「本店からクレームがついたので、まことに申し訳ないが、融資の件は取り消させていただきます。専務様にくれぐれも御容赦のほど、よろしくお伝え下さい」と、総務部長を介しての電話があった。

これには参った。二頭を獲た喜びも束の間、二頭とも手にすることなく失踪してしまったのである。幸いにして、十一月三日には遊覧飛行による活況で、思わぬ大入りに恵まれた。とはいっても、ボーナス分のうち四百万円が不足する。やむなく、本社の取締役経理部長に、短期の当座資金として不足分の借り入れを申し込む。このとき、利子は如何ほどですか、と念を押す専務に、「それは考慮します」と言う。同族の誼《よしみ》である。当然のことかも知れない、と専務は善意に解釈した。これで、十二月五日には間違いなくボーナスを支給すると断言した労組との約束を果たせる、と専務の胸中に、ほの明るい曙光がさしたかに見えた。だが、まだまだ越えねばならぬ苦渋の山が折り重なって迫ってくるのであった。

いずれにしても、負債に頼んでの経営ほど肩身のせまいことはなく、苦汁の連続を強いられることもない。ともあれ、緊急に借り入れた四百万円も早目に返済しよう。そう考えて、年が明けるのももどかしそうに、彼は返済金を用意して、本社に向かった。わずかに二ヵ月しか経っていない。

本社の取締役経理部長の大きな机の前に立った専務は、感謝をこめて経理部長に四百万円の返済を申し出た。このとき、利子についてあらためて確認しようと、「利子は如何ほどになりますか」と、尋ねてみた。すると、経理部長は言った。

「関連事業部へ貸した金利と同じです」と。このとき、専務の顔色が急変した。そして、語気も荒く言い放った。

「考慮すると言ったではなかったですか。ほかの事業部と同じ金利とは、考慮した上でのことですか。馬鹿にするんじゃないよ……」

「ヘリコプター会社にだけ優遇するわけにはいきません」と、経理部長はきっぱり言う。

「考慮するとは何と言うことだ。思わせぶりなことを言うなっ！」と専務がきり返す。

専務にしてみれば、誕生まもない新会社で、持参金の約束も裏切られている。同族の誼で無利子とは望まないが、少なくとも多少の利子の減額くらいはと、暗に心に画くのも致し方ない。だが、この腹案はすべて拒否された。

深牧専務は、少し引きさがって、持参してきた手提げ鞄から四百万円を取り出すや、「わかりました。今後一切借りません」と、言うが早いか、鷲掴みにした札束を、経理部長の机の上に思いっきり叩きつけた。

札束の帯封が切れんばかり、音を立てて札束を重ねた。怒号と叩きつけた札束の音に喫驚した社員が、総立ちになって眼を奪われ、一とき異様な緊張と静寂な空気につつまれた。

負債に立脚した経営ほど不安定なものはない。これは、専務が復員後に製粉、製麦業を手がけたときに会得した理念である。彼は、いち早く赤字経営から脱出し、配当できる体質へ転換しなければならぬと、日夜腐心していたのである。

このために十二指腸潰瘍となり、手の爪が異常に委縮して、今もなお見るかげもない。その労苦は、言語に絶するものであった。

深夜、疲れ切って眠る深牧専務は、夢うつつの中で幾度となく異様な声を耳にした。「教官！ 頑張って下さい！ 教官！」と、初めのうちは、一人の嗄《しわが》れ声のようであった。だが、それはやがて十数人の合唱となって響き、ついに眼を醒《さ》まされるのであった。声の主は、紛れもなく特攻隊員で、戦場に散った元の教え子たちである。

「ああ！ 君たちが応援してくれるんだね。有難う！ 有難う！」深牧専務は、そう呟いて、自らを励ましていた。

そして、彼は特攻隊長を命ぜられた当初は、思いあぐんだ自らの葛藤に打ち勝ったとき、そこに毅然とした自分を見出したのだ。その時の清々しい心境を忘れることはできない。あの時も特攻勇士に励まされたのだった。命を賭してやることに、惨敗はあり得ない。

「ようしっ！ 敗けないぞ！」こう叫び、「君たちこそ僕の永遠の教官だ」そう言って頭を下げた。彼は安らぎの心を取り戻して、ふたたび眼を閉ずるのだった。

念願の配当は、創立後わずか二年にして六分の初配とした。一割配を目指したが、自粛した。業績は、確実に好転していた。だが、剰余金を出すことを避け、その分へリコプターを年に一機は増機する方針とした。

これに対し、京成本社も容喙《ようかい》する気配はなかった。かつて、取締役経理部長とのやり取りがあって、その剣幕に戦《おのの》いていたのかどうかは定かではない。取締役経理部長と深牧専務との縁は、その後思わぬ出合いによって、すっかり肝胆相照らす仲となったのである。

昭和五十三年五月、成田新東京国際空港開設にともない、同空港を飛び立つＤＣ－８の一番機（機長長野秀麿氏）に訪米視察団が搭乗した。これは、千葉日報（株）の主催によるもので、千葉県県議会議長はじめ県内の知名人一行五十名が招待されたのだった。京成電鉄からは、本社から五名が、日本ヘリコプターからは深牧専務が参加した。

一行の結団式が行なわれた席で、それまでお互いに倦厭《けんえん》していた深牧専務と経理部長との眼が、思いがけずもかち合った。しかも、その後、サンフランシスコ、ロサンゼルス、ハワイなどの各ホテルでは同室となっている。『旅は道連れ』の譬《たと》えの通り、二人の仲はこの旅を契機に刎頸《ふんけい》の交わりと発展してゆくのである。

訪米から帰国した深牧専務にとって、列島改造によるダメージは終息するどころか、その煽りはますます現実のものとなって追って来た。その最大のものは、谷津へリポートを含む土地を公団に売却するというものだ。このため、代替地の物色が火急の仕事となってきた。

とりあえず、千葉県内を主として物色したが、専務一人の力で解決できるものではない。幹部はもちろん、全社員を挙げて取り組んだ。その結果、物色対象地として十ヵ所近くが挙げられた。けれども、それらのいずれもが適格地とはいえない。

ある部長は、五井市の東方の丘陵地を候補地として物色し、土地所有者と交渉を重ねていたが、ほとんど九十パーセント以上ＯＫであるとの確信を得て、当事者同士が会社側と初会合を持つまでになった。某料亭に集まったメンバーは、侯補地所有者のほか、当該地に隣接する土地所有者と会社側から深牧専務ほか二名である。

席上、ヘリポートとして物色した土地については、一応合意できる気配があった。が、その隣接する土地所有者から、騒音問題について、どのような対策と弁償がなされるのかと、執拗な質問が相次いだ。交渉を重ねて来た部長は、そこまでは考慮していない。

専務は、この場面で即答するほど単純な問題ではない、と判断した。そこで専務は、席を立って二度と顔を出さなかった。

これより先、成田空港予定地で、国と地元との対決が深まり、ますますエスカレートしていった頃、自らヘリコプターを駆って現地へ飛び、空港予定地内の騒擾の様相をつぶさに上空から取材を兼ねて確認していた専務である。経緯や地元の民情まで詳細に知悉《ちしつ》している専務なのだ。いたずらに彼らの前に唯々諾々として平伏する男ではなかった。

結局、物色を重ねて来た十ヵ所近くの候補地は、いずれも成功を見ずに終わった。そこで、竜ヶ崎飛行場に移転することになったのである。昭和五十四年のことであった。

じつは、五十三年暮れから翌年一月初旬にかけて、航空局から移転先について竜ヶ崎飛行場はどうかと、厚意のサゼッションがあった。竜ヶ崎には、すでに新中央航空が進出しており、若林社長や石井専務がいることを知っている。

そこで深牧氏は、とりあえず石井専務に会って、日本ヘリの現状と竜ヶ崎への移転の意向を話し、ついでにハンガーも建設する旨を伝えた。すると、石井専務は言った。格納庫を建てるなら大和建設を、と推奨する。そして、さっそく大和建設から見積書が提出された。やがて、石井専務が若林社長にも会ってもらえないか、とのことで後日、深牧氏は若林社長をたずねる。深牧氏は、石井専務と会談の折に話し合った内容を、若林社長にも伝えたところ、東急電鉄に挨拶がてら参上して欲しいとのこと。そこで、深牧氏は岡田社長と同道して東急本社の横田二郎関連事業担当常務と会う。この場面で、横田常務からハンガーの建設は当方にやらせてもらう、と断言された。意表を衝かれた思いだった。

東急建設から出された見積りと大和建設のそれとに、二百万円の格差がある。この件で問題となったが、要は施工法の差違によるもので、結局は東急建設が請け負い、立派なハンガーが完成した。

ところが、ヘリコプター使用事業の展開を計る営業活動は、やはり中央にあることが有利である。そこで竜ヶ崎を整備工場とし、ヘリコプターの基地は東京に移すことにした。幸いにして、東京ヘリポートには空地がある。

それにしても、一難去ってまた一難、事態の推移は止まることはない。またもや深牧専務の再登板となるのである。とりあえず、消防庁に当たってみた。ところが、幸いなことに当初は東ヘリを予定地としていたが、今はその計画を放棄し、移転先を立川に変更したという。

とにかく、東ヘリの管理は、東京都港湾局に属する。そこで港湾局長に会って、その実体を知りたい。ところが、港湾局の工営部長が、東ヘリの当該空地は消防庁に貸すことにしている、と頑《かたく》なに主張している。

　ますます奇々怪々である。実体を把握しなければならぬ、そう深牧専務は腹を固めた。とりあえず、都議会議員と会って交渉することが良策だ。そして、港湾局長に迫ることだ。その前に消防庁の土地問題を、もう一度確認しておく必要がある。

　専務は戦術を練って、ぬかりなく準備した。その結果判明したことは、消防庁の土地は、東ヘリを使わず立川に決定済みであるという消防長官の言明である。よし、つぎは都議会議員との面談である。そこで、ハタと気づいたのが、特操一期生の教え子である園部恭平君である。彼は今や公明党から推されて都議会議員となり、目下、港湾委員長となっている。

　専務は、さっそく電話で港湾局長への面談を申し入れ、仲介の役をとって欲しいと頼んだ。じつはこの件については幾度となく工営部長にお願いしていた。そして、そのつど局長は多忙をきわめているので、と面談の機会をそらして来たのである。

　ところが、今度ばかりは目から鼻へ抜けるかつての教え子のパイロットである。

「明日、午後一時に御約束通り面談のアポイントメントを取りつけました」

　右の電話は、深牧専務が依頼して十分と経たないうちに折り返しかけてよこした内容である。

当日、深牧専務は定刻にお伺いした。ところが、すでにお待ちになっていたのだろうか、局長、部長、課長、係長の面々が、ずらりと並んでいるではないか。そこへ端然として入っていくや、園部恭平港湾委員長が機を逸せずに深牧専務を紹介する。しかも面談の内容について明瞭に、その理由を局長に言上した。局長は大変明晰な方で、お互いに話し合って調整することが肝要と思われますよ、と言う。

この席上、工営部長が、「ヘリコプター六社が競って申し込みをしているので、困っています」と、不満気に発言した。これに対して局長は、それは各社間で調整すればよいことだ、とぴしゃりと言明した。工営部長は「ハイ、ハイ」と低頭するばかりであった。消防庁へ貸すことにしている、と言ったら墓穴を掘ったであろうが、その発言はなかった工営部長には、これまでの元気はまったく見られなかった。

その結果は、ロイヤル、日本ヘリ、中日本、海外物産、ノエビアの五社が良識をもって調整を計ったおかげで、今日に至っているのである。

昭和六十年夏、日本ヘリコプターのハンガーは、見事に建立された。それまで、運航部と整備部は竜ヶ崎に留まり、社長をはじめとして専務のほか総務、営業、経理の各部は押上の京成電鉄本社に構えていた。竜ヶ崎には基地長として、航空大学仙台分校長だった上池兼道氏が招聘《しょうへい》されて就任していた。

天与の休養

昭和六十二年五月、深牧専務は国立癌センター病院に入院した。それまで、健康には自信があり、体調に異状を自覚したことはなかった。じつは、航空身体検査を宮入内科で受けたところ、院長から肺にポリープがあると言われ、癌センターで受診の結果、入院することになったのである。

病名は肺癌と宣告された。肺癌の宣告により、専務の心情にことさら強いショックを受けたと見られる様相はなかった。思えば、かつて特攻隊長を命ぜられ、いきなり特攻の腕章を腕に巻かれたことを体験した専務である。

主治医の成毛外科部長から肺癌を宣告されたとき、彼は自分にこう言った。

「俺の肉体は、本来ならば四十二年前に亡くなっているんだ。あれから今日まで生き長らえている。その間、紆余曲折はあったが、ふたたび空へ舞い戻って今日まで飛んできた。若くして散華した教え子たちの分まで飛んだ。そして、十分に空を堪能した。もう償却はとうにすんでいる。これ以上の幸いがあろうか、もって瞑すべきである」

と。

ただ、せっかく軌道に乗ってきた日本ヘリコプター（株）が自分の身体と共に心配だった。しかし、それも後任に渡邉清規氏が就任されたのでひとまず安堵し、治療に専念することにした。まさに天与の休養といってもよかった。と、いうのもこれまで酷使して来た肉体である。各部に七十四年間の疲労も出てこよう。それは、航空機と変わりない仕組みでもあるようだ。

ヘリコプターも飛行機も、使用時間によってそれぞれ点検項目が異なるが、実飛行時間ごとに部品を交換するなり、または点検の結果次第で交換すべき部品もある。こうして、飛行前後の点検以外に、綿密な時間点検を積み重ねるのである。

五十時間、百時間、三百時間など、一定の時間に達すると、オーバーホールを受けて再生されることになる。人間のボディも、まさにこれと同じ仕組みであると思えば、ドックインも至極当然といわねばなるまい。

専務は、淡々とこう言った。「悪い箇所は切り取ればいいんだ」と。だが、そう簡単にはいかない。二十日間に及ぶ精密検査で、各部位の機能まで綿密に調べ、切除すべきか否かなど慎重に討議されて判断を下すのはもちろんである。

専務の場合は、左肺が癌に冒されているという。航空機の部品なみに切除せざるを得ないことになるが、二重構造の肺を全部摘出する手術は、専務のいうほどに単純ではない。たとえ、主治医の成毛嗣夫外科部長（後、副院長）が医学界で名うての博士であっても、七十四歳の高齢で手術を受けるのは、癌センター病院では、当時としては最初のことである。如何に慎重に処置したかは想像し難いものがあったろう。

さすがに手術は大成功だった。そうして、六月末の退院日まで、まことに愉《たの》しい休養日を送ることができたのである。

遡って、五月に入院する際、専務のほかに同日二名の患者と共に同室になった。三名のベッドは、まん中に深牧、右側に六十三歳の方が、左側に六十一歳の方が占位した。二人とも、深牧氏を高齢者と見立てたせいか、最初から先輩と呼んだ。呼ぶだけではなかった。二人は自ら後輩としての礼をつくすのである。

三名とも、互いに相手の素性も経歴も知らなかったが、なぜか心安く打ちとけて話し合っていた。入浴は二日に一回と定められてはいるが、六十一歳の患者が湯加減を見て、「先輩、入浴準備ＯＫです」と、報告する。それがいつのまにか連日、入浴になっていた。

病院の食事の時刻は早い。三人は一組となって食堂に向かう。食事がすんでから歓談は続き、一時間半以上にもなる。だれ言うとなく三羽鴉と名づけられた。差し入れなどがあると、お互いに分け合って賞味する。

階下の売店まで買い出しにゆく。先輩は行かずにベッドで待つ。アルコールは売っていない。専務は、かつて若かりし頃、ハルピンの陸軍病院にいたことを思い起こしてほくそ笑むのだった。ともあれ、少なくとも三名にとってこの病院生活は、陰湿なるものは寸毫《すんごう》もなく、高齢者とは見えない青春の気風さえ漂う明るい毎日であった。この事実は、まったく考え及ばぬことである。これは多分、今、彼らが淡々と人生を見とり、これまでまさしく思い切り精一杯励んで来て、思い残すことのない解脱の賜から発した心境によるものであるに相違ない。

深牧専務は退院の日、別れに当たってお礼を言い、遅れ馳せの名刺を差し出した。ベッドの右側にいた六十三歳の方は、「ありがとうございました。おーう、あなたはヘリコプター会社の専務さんだったの？　大変失礼しました。今後ともよろしく」と、言って出した相手の名刺を手にした専務も喫驚《きっきょう》した。「法学博士・弁護士―神戸大名誉教授―河本一郎（後、学士院会員）」とある。

「いやいや、これは大変失礼いたしました。お偉い方だのに、とんでもない失言など申し訳なく、お詫びします」と、言って頭を下げる。さらに、左側の六十一歳の方も某大学教授で錚々たるお方であった。

これらの方々とは、単に同病の誼《よしみ》で語り合い、親交を深めて来たというものではない。その人柄に純白なベースがあって、それは相手を謙虚に受け入れる広さを持っていなければできないことに相違ない。いまだに深牧氏らは互いに睦まじい交わりを深めていると聞いた。羨ましい限りである。

六月の退院後は、一週間と二週間目に通院し、術後の経過を診《み》てもらった。退院直後は、厚い鉄鈑で胸部が圧迫される感じで、重苦しい日が続いたが、二週間もすると、潮の引いたようにすっきりしてきた。

こうなると、もともと自宅で安穏として過ごせる深牧氏ではない。会社のことが気になる。すでに日本ヘリコプターの専務には、渡邉清規氏が就任し、深牧氏は常勤顧問として第一線から身を引いてはいるが、自ら四苦八苦の末に創設した会社への愛着は、そのまま愛社心につながっていた。

また、それまで全航連のヘリコプター部会の監査役や農水協の建設業委員、技能向上委員、料金委員、作業調整委員などを務め、多くの功績を残していたが、それらの要職からも身を引いた。勇退を惜しむ声の高まる中、幾多の褒章に浴して、ようやく公的身分から解放されたのであった。

幸いにして筆者は、朝日航洋（株）在職中に運航委員に委嘱され、一時期、全航連ヘリ部会の運航委員会に出席したことがあるが、その席上、委員長の深牧氏の辣腕ぶりをとくと拝見している。歯に衣を着せぬもの言いと、何ごとにも怖じない面魂にすっかり魅了されたものである。

航空業界が、多くの規制の枠内で運航せざるを得ない事業会社にとって、深牧氏がどれほど魅力ある存在であるかを、まざまざと見せつけられたのであった。これも永い間に培って来た航空界での年輪によるもので、まさに航空——特にヘリコプター業界の生き字引として敬愛されているからにほかあるまい。

第六章　輝かしき履歴

航空への思念は燃えて

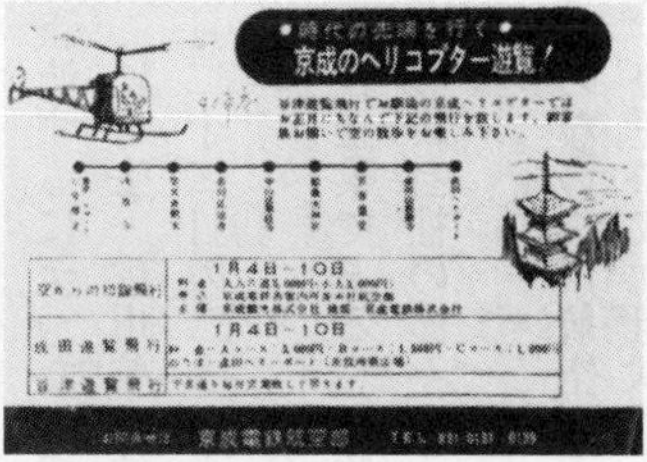

昭和40年当時のヘリ遊覧飛行料金表

昭和六十年三月七日と六月二十一日、二度にわたって深牧氏は、新日本国内航空（株）の会長浅川正義氏と会談した。この会談で、深牧氏は、浅川会長の印象を異色的経営者と評価している。また、浅川会長は深牧氏を、骨のある人物と見取った。こうした縁で、六十三年十一月から深牧氏は、新日本国内航空の顧問として在籍することになった。

この日を契機として筆者は、親しく氏の謦咳《けいがい》に浴することになる。時に氏はすでに喜寿を越していた。だが、航空に対する情熱は、寸毫《すんごう》も衰えることなく、むしろ業界を叱咤激励する気概に満ちていたのである。

新日本国内航空（株）は、業界では異色の存在として評価され、風評はかならずしも芳しくなかった。特に、全航連ヘリ部会などへの積極的姿勢は見られず、少なからず迷惑をかけていた。深牧氏は、まずこの評価の挽回を計るべく鋭意努力し、ひいては社業の業績向上に役立てようと苦心したのであった。

だが、不幸にして浅川会長は病没し、浅川庄三社長が後継者として力闘を試みたが、業績はこれにともなわず、ついに営業権を佐川航空（株）に譲渡するに至ったのである。これと同時に、社員も機材もすべて丸ごと委譲され、ここに新生・佐川航空株式会社ヘリコプター事業部が誕生したのである。平成元年十一月二十二日のことであった。

佐川航空（株）は、名にし負う佐川急便の一翼を担う中枢優良企業である。深牧氏はじめ、統合された社員一同は、この一大変革を心から歓迎し、新会社の洋々たる前途を祝福して、高らかに歓声を上げたのである。

これに呼応して、陸運とは異なる、ヘリコプター業務の経歴のない佐川航空とその首脳部は、新しいジャンルに高邁な情熱と真摯な態度に加え、謙虚に取り組み、ヘリコプターとその運用について猛勉強を始めた。こうして全社員一丸となって、業務の進展を計ったのである。特に、その後ヘリコプター事業の担当部長となった前田博史氏の健闘ぶりは、全社員の眼を覆うばかりで、余人の及ぶところではない。

この情熱にほだされて、深牧氏は年齢的なハンディを超克して、顧問の役を励んだのである。これには、新日本国内（株）とは比較にならない生新な空気が佐川航空（株）に漲《みなぎ》り、出社する意欲に弾《はず》みをつけたからでもあったろう。それだけ魅力に富んだ会社である。

ともあれ、その魅力は盤石な佐川急便（株）の経営理念から発散する活力の息吹きに相違なく、社長を信頼した社員の表情からは、明るい会社の前途がはっきりと読みとれるのであった。

さて、深牧氏の長い航空経歴には既述した通り、最高の栄誉に輝く天覧飛行があるほか、幾多の功績に対し二十有余の褒章に浴しているので、その一端を紹介する。

平成二年四月、社団法人全日本航空事業連合会から佐川航空へ、会社貢献者の推薦について依頼の文書が届けられた。そこで、ヘリコプター事業部は、さっそく深牧氏を該当者と定め、推薦文を草案して提出した。推薦理由の主な業績は、左記の通りである。

一、業績

㈠ 昭和二十七年十二月、日本ヘリコプター輸送株式会社（全日空の前身）設立と同時に操縦士要員として入社し、翌二十八年五月、ヘリコプター操縦士となり、以来昭和六十一年六月、現役を引退するまでの三十三年間、業界の草分けとして基本技術の構築等に献身的な努力を重ね、業界発展のため寄与した。

㈡ 昭和二十九年、ヘリコプターによる送電線パトロールの開始にあたり、パトロール飛行方式基準設定のため、自ら操縦して研究開発に従事し、同三十年、パトロール飛行の飛行マニュアルを制定した。

㈢ 昭和二十九年十二月二十九日、谷川岳において一週間行方不明の二名の遭難者の捜索を行ない、発見救助に尽力した。

㈣ 国家的事業であった電源開発のため、奥只見ダム、黒部ダムなどの建設事業に対し、昭和三十年からヘリコプターによる綿密な事前調査を行ない、さらに初のヘリコプターによる建設資材の空輸を行なうなど同事業推進のため多大の貢献をした。

㈤ 昭和三十六年より同四十八年までの間、全日本航空事業連合会ヘリコプター部会の運航委員長として、ヘリコプター業界の安全運航に献身的な努力をした。

㈥ 昭和三十七年三月、農林水産航空協会の発足とともに技術向上委員に推挙され、農薬空中撒布の飛行方式について自ら試験飛行を反覆検討を重ね、今日の薬剤撒布の基準を確立して効率的な撒布のための操縦技術の向上を図るとともに、事故防止等に指導的役割を果たした。

(七)　昭和三十九年からは、農林水産航空協会の作業調整委員、および料金委員として農薬撒布飛行の普及発展に寄与し、昭和五十一年十二月、農林省農蚕園芸局長より感謝状を受けた。

以上の推選により、平成二年十月九日、財団法人日本顕彰会、笹川良一会長より表彰状を授与された。

さらに平成四年九月二十日、民間航空再開四十周年に当たり、空の日を卜して奥田敬和運輸大臣より――民間航空の再開から今日まで、我が国の航空発展に寄与されたその功績はまことに顕著である――として感謝状を授与される光栄に浴した。

これらの重なる褒章は、深牧氏の航空に対する研鑽と労苦に報いる至当な措置であり、まことに目出たく、万雷の拍手を捧げずにはおられない。

終生修養

深牧氏は、大の読書家として知られている。氏の、毎月の定期購入書籍は左記の通りであるが、これらを完読するのは並み大抵の努力では果たし得ない。もっとも、それらの書籍を分類して見ても、専門の航空のジャンルだけにとどまらず、文芸、宗教、哲学、政治、社会などの多岐に及んでいるのである。

氏が博学である所以《ゆえん》は、この辺に根源があるものと思われる。まずは、それらを列記してみよう。

文藝春秋＝文藝春秋社、Foresight＝新潮社、選択＝選択出版、This is 読売＝読売新聞社、新潮45＝新潮社、世相＝太陽企画、正論＝産経新聞社（扶桑社）、ちくま＝筑摩書房、波＝新潮社、本＝講談社、本の窓＝小学館、図書＝岩波書店、丸＝潮書房、エアワールド＝エアワールド社、ジパング＝JR、航空と文化＝航空協会、航空クラブ＝航空協会、パイロット＝操縦士協会、航空技術＝整備士協会、未来＝未来社、P・H・P＝PHP研究所、青春と読書＝集英社、論説会議＝国民政治研究会、地域が日本を変える＝松下政経塾、その他新聞では産経新聞、航空新聞、ウィングなどがある。また、現在読書中のもの（平成八年三月一日現在）に『幾山河』『世は〆切り』などがある。

さて、これらを消化するために氏は、あらゆる知恵と工夫を注ぎ込む。非常勤で週一回の出社時でさえ、かならず小冊子を二部しのばせる。満員電車を避けて、通勤時間帯を選ぶ必要があるのは当然である。

もっとも効果的な時間は、夕食後であるという。少なくとも就床前の二時間は、だれにも何にも煩《わずら》わされず、読書三昧に耽《ふけ》れる黄金の時である。

こう見ると、氏の博識なる所以が、だれしも納得できるのではないだろうか。さらに、自己研鑽の手段として、各種の講演会や研修会での聴講がある。

それらの中からいくつか抄出してみる。

一、紀伊国屋ホールで行なわれる文化講演会。これは毎月一回、芥川賞や直木賞の受賞者が講師となって開かれる。この会は、三十年間もつづけて聴講し、現在に及んでいる。

一、朝日ホールで政治、外交をテーマに、フォーサイトの主催によって行なわれる講演会。

一、岩波ホールで、毎月行なわれていた「言葉の勉強会」。この会は、木下順二、江藤文夫、宇野重吉などの著名な先生方によって始められ、昭和三十年代から二十年近く、欠かさず出席して聴講した。

一、飯野ホールなどで行なわれる「正論」の講演会（産経新聞主催）。これは毎年一回、正論大賞受賞者による講演である。

一、松下政経塾での研修会。この会には、深牧氏は特別会員として籍をおき、年に数回行なわれる研修会には、欠かさず出席している。

このほかに、竹村健一氏主催による世相講談クラブ会員として、同席の上親しく対談して氏の高説を傾聴しているのである。さらに驚くべきことに、氏はシルバークラブ所属会員であることだ。

以上、このように読書を始めとして、人間形成に必須な糧の吸収に余念のない深牧氏である。世紀の激動と波瀾を乗り切って、今日なお矍鑠《かくしやく》として活動をつづけて倦むことを知らない氏である。

筆者はことさらに畏敬の念にかられるのであるが、この活力はどこから湧出してくるのであろうか、各種講演会や研修の場に、率先して参画する執念に、不安感すら抱きながら敬服するばかりである。

しかしながら、前述したシルバークラブの会員である、との条項によってその不安感は解消し、すっかり安堵の胸を撫でるのである。そして、あらためてあらゆる活動の根源は、健康が前提であることを教えているのである。氏の自愛心に、ただただ感服せざるを得ない。

所属する会

深牧氏の交友関係は深く、かつ広範囲にわたっているが、氏の所属する会も多い。まず、『深牧会』について記す。

大刀洗飛行学校本校卒業生（第一区隊から第四区隊まで含む）のうち、三区隊出身者ら六十名によって深牧会が創設されたのは、戦後、航空再開後まもない頃である。現存者は三十数名に減ってはいるが、その中には各務原市長の平野喜八郎氏もいる。会には夫人同伴でとの規約に従い、毎年一回、盛大に挙行される。

これまで、青森から九州までの各地で行なわれたが、その土地の出身者が当番幹事役を献身的につとめる。常任幹事は神戸市在住の岡本博氏である。ことさらに定期機関誌などの発行はないが、時折、特別会報を刊行している。そのほかに、月に二回は岡本氏から会員の状況その他について電話がある。

ともあれ、こうして五十年前に操縦桿を通して教育された面々が、教官の姓を冠した会を設け、今なお教官を囲んで歓談できるとは、人徳の然らしむるところとはいえ、なんとも羨ましい限りではある。

なお、深牧会発足に前後して、京都の護国寺に「特操の碑」が建立された。碑は、まことに見事な出来栄えである。この碑は、かつて大刀洗、熊谷、宇都宮の各飛行学校出身者（一期生から四期生までを含む）が情熱と芳志《ほうし》を傾注して完成したものである。

すでに述べたように特操と深牧教官は、切っても切れない縁にある。「特操の碑」の除幕式典は壮厳裡に挙行されたが、式典当日、深牧氏は、少しく遅れ馳せながら会場に着く。じつは、昨夜から教え子たちと夜を徹して飲み明かし、酔眼朦朧として式場に向かったが、式場には、すでに一般参列者はもちろん来場しており、船田中衆議院議長や大阪府知事も御臨席になっておられる。

だが、その中央貴賓席に空席が一つある。深牧氏が着くと、教え子が寄ってきて席へ案内する。なんとそれは中央に残しておいた空席ではないか。その席の左右には、知事と船田先生が控えているのだ。さすがの深牧氏も、この時ばかりは酔眼も一驚する始末であった。

特操一期生会の会長には、家城啓一郎氏（ＮＨＫ解説委員長）が就任していて、会の運営や進行に辣腕をふるって、除幕式は盛会裡に終了したのであった。

ここで『深牧会』の会誌に特別に寄稿された氏の手記「平成元年を迎えてこの頃思

うこと」を紹介する。

――今年は新年早々、歴史的な大事に遭遇することになった。日本の象徴であられた天皇陛下の崩御は、世の中が一瞬、真っ暗になったような思いがした。広く言われるように、昭和はまさに波瀾の時代と言われ、あるいは激動の時代と言って差し支えあるまい。

亡くなられた陛下の御仁徳をしのび、昭和という時代に改めて思いを深くした。国民のひとりひとりが感慨を覚えたことだろう。

昭和という時代が終わったことは確かであり、戦争と平和、貧窮と繁栄を駆け抜けた半世紀余、昭和と共に歩み、この間ながい戦争、大きな戦争の渦中にあって、二度三度と生死の境をさ迷ったこともあったが、どうにか生きながらえ、戦後の平和裡に今日を迎えた者として、あるいは明治生まれの一人にとって当時の実感を、いま率直に言わせてもらえば、俳人虚子門下の逸材、俳壇における人間探求派の第一人者として、またストイックといってもいい句境を確立し、戦後は俳誌「万緑」の主宰者として大きな足跡を残し、昭和五十八年の夏逝去した中村草田男の『降る雪や明治は遠くなりにけり』のことばがすぐさま脳裏に去来した。

先月のある土曜日、松下政経塾（神奈川県茅ヶ崎在）が設立十周年を迎え、塾生の研修内容を広く社会に公表することになり、塾の活動状況を理解してもらうことを目的に、塾生による研修報告会が、芝公園朝日放送会館ホールで行なわれた。

余談になるが、私は政経塾設立まもなく、ふとしたことから塾生の幾人かに出会い、以来十年今も文通を続けている人もいる。意気投合といえば、いささかオーバーに聞こえるが、彼らの修業期間中の五年間、ずっと交流を続けてきた。このようなことから、彼らが卒塾後も同塾とは多少のつながりがあって、今回の招待となったのだろう。

当時の彼らはすでに去り、現代は国内の各地に分散して、それぞれの分野で着々と、頭角をあらわし、若冠三十四歳を筆頭に、ある者は国会議員として国政に、またある者は地方議員、その他実社会の先頭に立って、牽引車となって活躍、将来を大いに嘱目されている。

そもそも私が彼らに、なぜこのように関心をもち、かつ期待を寄せるかと言えば、ことの起こりは去る昭和五十年、第七回の集まりに、その源がありそうだ。

関西の会友末永、大屋両君が当番幹事をつとめられた折、長州萩に遊び、吉田松陰の「松下村塾」を親しく見聞きさせてもらった時の思い出が印象深く、幕末の志士、門弟三百人を数えたと言われ、ここで彼が教えたのは、実践をともなった学問ということであり、あの時の郷愁にも似た思いが頭にあった。

松下幸之助塾主は、「政治を正さなければ日本は良くならない」という思いで私財を投じ、政経塾を創設されたと聞いて、かつての「松下村塾」と何か一脈通ずるものを感じ、その思いが刺激になっているようだ。

この報告会は通算三回目で、部外公開は今回がはじめてとのこと、塾生の研修地域は国内はもとより、世界各地におよび、期間も一年、二年と長期滞在者もあって、塾生が現地で自ら体験、実践研修の成果発表であり、彼ら彼女らはいずれも正々堂々、理路整然、滔々と所見を披瀝、いずれに甲乙もつけ難く、ただただ直視して一言一句に耳をそば立てて聞き入った。

真底から信頼感と共に感嘆久しうし、真に心あたたまる、ほのぼのとしたひとときを過ごして久々に心洗われる思いであった。

それに引きかえ、奇しくもその翌日の日曜日、女性を含む二十余名のある恒例の勉強会に出席した。当日は「天皇制について考える」というのが議題であり、はじめに昭和天皇に関するビデオを一時間余見たあと、各自が意見を述べる仕組みである。

彼女らの服装といい容姿といい、いずれも若鮎のようにピチピチとして、清潔感にあふれ、さすがに若者らしい華やぎがあったが、つぎつぎと感想、意見の発表を聞くに及んでただただ愕然、全身の血潮が一瞬、逆流する思いがした。

ひと通りの発言が終わって意見を求められたが、私は心臓の鼓動、高鳴りが最後までおさまらなかったのを覚えている。

十四、五名の女性の中の少数ではあるが(ほかに男子五、六名)、彼女らは異口同音に天皇制には絶対反対である。卑近な例が、あの大喪の礼の巨額な費用、国費の無駄使いではないかと。天皇制に反対の理由は何かといえば、彼女らが高校、大学で教育を受けたという内容である。

戦時中、日本の軍隊が中国をはじめ、アジア各地で残虐行為をしたからと言う、その実例を学校で先生から何度もこまごまと聞いた。したがって、これらの行為は絶対に許せないし、このことはすべて天皇の命令によって行なわれたものであると。

戦争の責任は天皇にあり、よって天皇制は認められず、当然廃止すべきである云々。シャーシャーと、まくし立て、中でも一人は古典に興味をもち、大学では日本文学を専攻したと聞き、彼女は一体、日本の歴史を知っているのかと、民族の誇りを傷つけられた思いすらした。

現在の日本にとって、政治改革の必要は万人が認めるところであろうし、もとより急を要するが、同時に教育改革もまさに緊急の課題ではないか。教育は国家建設の基本であり、学校教育の原点は学校に良い先生を、ということである。学校教育の主役はもちろん学生、生徒であるが、学校改革の第一歩は、教員の改革にあると痛感した。

この頃は新聞もテレビも報道関連のすべてが、来る日も来る日も政界がらみのリクルート問題である。今の政界がまことに不透明で嘆かわしいを通り越し、情けないの一語につきる。昔から「地獄の沙汰も金次第」という言葉もあるように、金銭の大事なこと、また政治に金がかかる実情もわからぬではないが、あまりにも金、金、金の盲者集団ではないか。

ロッキード事件以来すでに十年余たった現在、結局、日本の政治風土はいっこうに変わっていない証拠ではないか。むしろロッキード事件の悪い遺産として、秘書を防波堤にしたり、あるいは家族縁故に転嫁して灰色地域を拡大したり、職務権限をあいまいにしたりして、かえって悪質になっている。

巷間伝えられるように、徹底的な解明はできないのではないかと危惧されるのは、何よりこわいことである。この際とことん根元を洗い出し、その源をきっぱりと断ち切って、全国民が納得のいく処置を論じてもらわねばならぬ。だんだん陰湿な形で構造疑獄が隠蔽化されることは、恐ろしいことである。

政治の実態に対して、もはや世間には無気力感さえ漂いはじめていないか。何よりも国民自身が政治に対する期待感や信頼を放棄したら一体どうなるか。この国の政治は、いまや絶望的な方向に向かっているようにさえ感じられるこの頃である。

第十一回特攻隊合同慰霊祭（於靖国神社）より帰りて

平成元年三月二十六日記す

以上『深牧会』についてあらましを述べたが、そのほかに所属または関連する会を挙げてみる。

・航空碑奉賛同人会々員（理事）
・全国少飛会慰霊祭（招待者として出席）
・明野飛行学校、熊谷飛行学校出身者の会（招待者として出席）
・七十五期生下士官学生の会（招待者として出席）
・少飛十五期生を主とした大刀洗飛行学校卒業生会（毎年新年会に深牧教官を囲む会に出席）
・航空一水会（毎月第一水曜日に行なう航空関係者の会の会長）

これらのほか、『ひよどりの会』（飛四同里）の会員でもあった。ひよどりの文字は（　）内の通り、飛行四連隊を捩《もじ》ったものである。会は、昭和二十八年春、関東地区に在住する航空人二十一名によって創設されたものであるが、その中心的役割にあった元防衛庁長官小泉純也氏や元大本営飛行班長であった酒井実雄氏、前全日空副社長清水教雄氏らが相次いで鬼籍に入られたので自然消滅となった。

ついで十六夜会々員に所属している。この会は、政、官、財界の知名人が参画していた会で、入会については五十歳以上の者で二名以上の推薦者を必要とするもので、当時としては格式があった。会員から順不同に抄出してみる。

大隈重信秘書官の藤川年氏。東大名誉教授の宇野哲人氏。元極東裁判弁護士の高野弦雄氏。評論家の細川隆元氏。初代海上保安庁長官で俳人としても名声の高い大久保武雄氏。衆議院議員の松野頼三氏。東京電力副社長でのちに電発総裁となった門田正二氏や元東京ガス社長の本田好敏氏らがいる。

さらに野武士会々員でもある。この会は、昭和二十八年に創設され、深牧氏は最年少者として入会している。もっとも遅く入会した青木春男氏は、青木航空を創設したことで知られる。志鶴忠夫氏が事務局長をつとめ、会員として伊藤音次郎、美土路昌一、井上長一、伊藤次郎、松尾静磨各氏らの錚々たる先達の顔ぶれが見られる。

このように多くの会に所属した深牧氏は、航空界にとどまらず各界各層の方々と親しく謦咳に接し得て、自己啓発に恵まれたのである。羨望のいたりと言わざるを得ない。

ともあれ、ヘリコプターを媒体として互いに友好を深めた方々には、作家の三島由紀夫氏（奥只見の電源開発による調査をテーマにした小説の取材のため）やＮＨＫのトンチ教室で高名の青木一雄（日本最初の民間人でヘリコプターに搭乗された）、長崎抜天、石黒啓七、徳川夢声、西崎みどりの各氏がいて、筆者としても懐旧の情にかられずにはいられない。

このほかに航空奉賛会総代として、航空神社の月次祭には欠かさず参列し、玉串を奉奠《ほうてん》して参拝している。航空神社は、かつては飛行館屋上に祭ってあったが、会館の改築後、現在の航空会館屋上に遷宮されたものである。

月次祭は毎月第三火曜日十時から、靖国神社宮司の司祭により厳粛に挙行されている。さらに、新年一月四日には新年祭を、九月二十日の空の日には定例大祭がそれぞれ行なわれている。この例大祭には、民間航空会社の社長、副社長のお歴々が親しく参拝されている。

ここで、平成八年一月一日現在の航空神社崇敬者総代会名簿を繙《ひもと》くと、次の通りとなっている。

朝田静夫、冨田多喜雄、辻根政久、深牧安生、冨永泰史、加藤昭江、日野虎雄、四王天長政、荒蒔義次、西尾欣是、平野晃、渡邊敏久、小川良作、江頭正樹の各氏で、

いずれの方々も航空各界を代表する錚々たる先達である。ちなみに、奉賛会総代の定員は二十名以内とされている。

最後に深牧氏は、卓話会々員でもある。卓話会では月に一回、航空クラブ定例卓話会を催し、航空界の現状分析や情報交換など、親睦を通じて歓談している。

主張と提言

昨今、ようやく国内各界にわたって規制緩和の大合唱が轟《とどろ》いている。航空業界においても然りである。だが、すでに一九七〇年代、すなわち二十数年も前において、深牧氏はあらゆる機会をとらえて、航空行政の改善策を訴え続けてきたのである。

特にヘリコプターについては、導入後の日なお浅しとして行政面から過保護ともつかぬ呪縛にかけられていた。これに対して深牧氏は、自らの操縦体験を通し、運航にかかわる諸条項について、改善箇所を指摘し、終始一貫して改善を主張、提言してきたのである。

次に再録した記事、提言『航空行政にのぞむ』は、昭和五十三年一月十八日、ウイングに掲載されたものである。

現航空法が制定されて、すでに二十五年経過した。当時のヘリコプターと現在では、飛行性能その他大きく変化向上して（このことは飛行機においても同様であるが）、運航安全の面でもかなり違った面が見られるが、一方、航空法は依然として当時のままで、ヘリの特徴というようなものは、むしろ抹殺されたままの感が深い。たとえば、ヘリ事業の過半を占める薬剤撒布についてのみ見ても、相変わらず場外着陸、低空申請、物件投下の申請届を出して、これらの認可をもらって飛行するなど、およそ時勢に順応しないことおびただしい。日進月歩の航空界と言われながら、数十年も変わらぬセンスでは、いささかお粗末過ぎはしないか。古い固定観念にとらわれることなく、日々新たな感覚で処置するような柔軟な措置・処理をしてほしい。

要は、ヘリに適応した法の改正こそのぞましいが、法改正は簡単にゆかぬからと放任することなく、改正に向かって、積極的に取り組んでもらいたい。その間も、もっと思いやりのある気魄をもって単なる行政監督でなく、育成指導に目を向けてもらいたい。これは長年にわたる宿題でもある。

*

注＝筆者は日本ヘリコプター社専務取締役。同社は昭和五十二年八月二十五日に、京成電鉄航空部が分離して設立され、十月八日に事業譲渡譲受の認可を受けて発足した。なお、同日付で京成電鉄航空部は廃止された。同社は社員二十四名、内訳はパイロット八名、整備士九名、事務係七名、五十二年の年商二億二千万円。五十二年一月〜十二月の総稼働時間数は千六百十六時間。業種別内訳は、薬撒千七十時間、遊覧・不定期二百三十八時間、航測・写真百九時間、操縦訓練二十五時間、その他百七十四時間（飛行時間、年商には十月八日までの京成電鉄航空部の分が含まれている）。

さらに、昭和五十六年六月二十四日に、ウイング紙上にふたたび「航空行政に望む」と題し、重ねて忌憚のない意見を披瀝している。次に掲載する。

日本ヘリコプター（株）の深牧安生専務は、全日空の前身である日本ヘリコプター輸送（株）に昭和二十七年、設立と同時に入社、以来三十年間、全日空、京成電鉄航空部（現在の日本ヘリの前身）、そして現職とヘリコプター事業と共に歩んできた。現在、全航連運航委員長や航空機操縦士協会理事も勤める業界のオピニオン・リーダーであるが、制定以来三十年にもなろうとしてますます矛盾点が顕在化してきた現航空法の改正をはじめ、温情ある航空行政を望むとして、次のように語っている。

＊

現在の航空法が制定されて、約三十年にもなる。いまの航空法は固定翼機を主な対象としており、性格の異なるヘリコプターに対しても、その基準が準用されている。また、当時のヘリコプターと現在では、飛行性能その他大きく変化、向上して運航安全の面でもかなり違っているが、一方、航空法は依然として当時のままで、ヘリの特徴というようなものは、むしろ抹殺されたままの感が深い。

ヘリに関係を持っている人ならば誰でも、現行の法規は実情に沿わないと思いながらも、法改正などとうてい叶わぬものと、いわば「諦め」の境地にある。しかし、もう三十年も経過しており、ここらで一区切りつけるべき時期だと思う。

口で「改正」と簡単に言っても、時間と経費がかかる。しかし、むしろここは、その道の専門家にも委嘱するなど、手段、方法は色々あるかと思うが、じっくり時間をかけてやるべきだと思う。

法改正と同時に、行政指導も矛盾だらけなので、温情を持って見直して欲しいものだ。たとえば運航規程ひとつとってみても、実態にマッチしていない。現在の運航規程は、建前上は各社が作成して、航空局が認可したようになっているが、実態は実情に即して各社が作ったものではなく、航空局に押しつけられて作ったもので、矛盾に満ちている。

たとえば具体例をあげると、不定期航空の機長の資格の一つに「夜間飛行に五時間以上の経験」というのがある。ところが、現行ではヘリの夜間飛行は許可されない。これでは資格を取りようがない。

農水協が防衛庁に委託しているヘリコプター・パイロットは、防衛庁で五時間以上の夜間飛行をやってきているのでいいが、米国に留学してライセンスを取ってきたパイロットの場合、米国では二時間しかやってきていないので、永久に資格を取れないことになる。

ヘリポートの問題を取りあげても、公共用は三箇所しかなく、あとは非公共用のみだ。訓練飛行をやる場所もない。それで何時間訓練しろとかいうやり方は、まったくおかしい。

要するに、行政に温情というか「育成してやろう」という温か味がないからだ。航空再開当時は、力を合わせて日本の航空界を再建しようという気風が官にもあった。

ところが現在は、たとえば、試験官はパイロットに三時間とか六時間も操縦させて判定を下している。まともな試験官ならば、乗った瞬間にそのパイロットの技量、性格の八十パーセントはわかるものだ。それを何時間もやらせた挙句、「不合格！」などと判断を下すのは常軌を逸している。

ヘリ事業に大きな需要を占める薬剤撒布についてみても、農水協ができて二十年もたつのに、同じことを踏襲しているのは馬鹿げている。相変わらず場外離着陸、低空飛行、物件投下の申請届をいちいち出している。

毎年何万箇所に上る場外離着陸場を申請し、薬撒をやるわけだから、当然千フィート以下を飛ぶわけだが、これにも低空飛行の認可が必要で、おまけに農薬を撒布する毎日の作業で、いちいち「物件投下」の申請が必要だ。官も民も、これによって無駄な労力と経費をかけている。

たとえば、場外離着陸場の申請業務にしても、航空法に「農薬撒布を除く」と一項つけ加えればすむ問題だ。この件については、昭和四十年に当時の航空局技術部長が、「グライダーのように近い将来は廃止してもよいと思考する」としていたが、それっきりになっている。

要は、ヘリに適応した法の改正こそ望ましいが、法改正は簡単にゆかぬからと放任することなく、改正に向かって積極的に取り組んでもらいたい。その間でも、もっと思いやりのある気魄をもって、単なる行政監督でなく、育成指導に目を向けてもらいたい。これは長年にわたる宿題でもある。

＊

以上のように、氏の提唱する主旨は一貫して変わることがない。歯に衣着せぬ深牧氏の提言は、決して行政当局に対する批判や誹謗《ひぼう》ではない。心底からヘリコプターを愛し、業界を案ずる情熱の発露以外の何物でもないのである。

すでに、五十二年一月に「航空行政に望む」と題した提言から三年有余を経て、ふたたび同様の提言をしているのだ。これは、その間に何らの改善も行なわれていないことを立証している。氏の提言は、むしろ、当局のこの無策に対する憤りに直言し、あるいは諫言《かんげん》とも受け取れる熱血の表明に相違ないのである。

このように、深牧氏の航空界における足どりを辿ろうとすると、際限なく広がり、かつ奥深く立ち入ることになる。

立ち入って究明できることを抄出すると、まず物事に向かって常に真正面から立ち向かい、決して怯まないこと。

次は、すべての事象に対して情熱と気骨をもって全力で挑むことである。そして行動は、限りなく真摯で、信義を重んずる信念を基盤としていることに気づく。一見、武骨とも見える風格には、明治生まれの真骨頂が如実に表出され、畏敬の念すら抱かしめるのである。

筆者は、深牧氏が常時、ポケットに小型のメモ帳をしのばせていることを知っている。そのメモ帳の日々欄は、一ヵ月先までビッシリ細い文字で埋めつくされている。催し物はもちろん、行動予定の大小があますところなく書き込まれている。

朱筆を入れてある箇所は最重要点である。それはもっぱら他人との約束ごとに関することである。会合する時刻が克明に記注してある。信義を重んずる心情は、ここにはっきり現われている。

「忘れました……」という言い訳は、氏のもっとも好まざる言葉である。生来の抜群の記憶力を保持する深牧氏にしても、かくも念入りに書き込んで信義を守ろうとする配慮には、ただただ脱帽せざるを得ないのである。

ともあれ、戦前、戦中、戦後を一すじに情熱を傾けたパイロットの生き様に、如何ような賛辞をもってしても当てはめることはできまい。ただただ畏敬の念を捧げるのみである。

さて、深牧安生伝は、いよいよ最終章を迎えることになった。顧みれば、深牧氏の輝かしい履歴を綴るには、あまりにも非力で稚拙すぎる文の羅列であったことを、深牧氏に対してはもちろん、多くの愛読者諸兄に対し、お詫びしなければなるまい。また、エアワールドの阿曾社長はじめ編集者御一同には深く謝意を表する次第である。

ここで、深牧氏が『オリオン星雲への旅立ち』と題する楢林壽一氏の追悼文章に寄せられた「熱い人」の一節を紹介して、掉尾《ちょうび》を飾らせてもらい、筆を擱《お》くこととする。

――想えば、戦後の昭和二十八年一月二日、身を切るような寒空の朝、多摩川の旧読売飛行場でヘリコプター（ベル47－D１型）に初めて搭乗して以来、昭和六十二年、体調をこわして第一線を退くまで三十四年間、ヘリ・パイロットとして全国津々浦々を、また戦前の戦闘機操縦の十三年を合わせると正味四十七年間、大空の醍醐味を満喫できたのも、ひとえによき先輩、よき友人に恵まれたことが、今では何より有難く貴重な思い出として感謝の日々を過ごしている。――

終わりに当たって、深牧氏の御健勝とますますの御多祥をお祈り申し上げたい。

単行本　平成十一年三月　改訂　元就出版社刊

NF文庫

パイロット一代

二〇二一年十月二十日　第一刷発行

著　者　岩崎嘉秋

発行者　皆川豪志

発行所　株式会社　潮書房光人新社

〒100-8077　東京都千代田区大手町一-七-二

電話／〇三-六二八一-九八九一(代)

印刷・製本　凸版印刷株式会社

定価はカバーに表示してあります
乱丁・落丁のものはお取りかえ
致します。本文は中性紙を使用

ISBN978-4-7698-3235-5　C0195

http://www.kojinsha.co.jp

NF文庫

刊行のことば

第二次世界大戦の戦火が熄《や》んで五〇年――その間、小社は夥しい数の戦争の記録を渉猟し、発掘し、常に公正なる立場を貫いて書誌とし、大方の絶讃を博して今日に及ぶが、その源は、散華された世代への熱き思い入れであり、同時に、その記録を誌して平和の礎とし、後世に伝えんとするにある。

小社の出版物は、戦記、伝記、文学、エッセイ、写真集、その他、すでに一、〇〇〇点を越え、加えて戦後五〇年になんなんとするを契機として、「光人社NF（ノンフィクション）文庫」を創刊して、読者諸賢の熱烈要望におこたえする次第である。人生のバイブルとして、心弱きときの活性の糧《かて》として、散華の世代からの感動の肉声に、あなたもぜひ、耳を傾けて下さい。